내 생각을 다듬어 풍성하게 해주며,
여러 다른 유형의 평화주의를 고수하고,
더러는 여전히 호전적이고 의기양양한 태도를 가진
수많은 동지들에게 감사를 표하며

도서출판 대장간은
쇠를 달구어 연장을 만들듯이
생각을 다듬어 기독교 가치관을
바르게 세우는 곳입니다.

대장간이란 이름에는
사라져가는 복음의 능력을 되살리고,
낡은 것을 새롭게 풀무질하며, 잘못된 것을
바로 세우겠다는 의지가 담겨져 있습니다.

www.daejanggan.org

Original published in English under the title ;
    Nevertheless: The Varieties and Shortcomings of Religious Pacifism ,
        by John H. Yoder.
    Published by Herald Press, Waterloo, Ont. N2L 6H7. CANADA
All rights reserved.

요더 총서 6
그럼에도 불구하고, 평화

지은이	존 하워드 요더
옮긴이	박예일 윤성헌
초판발행	2015년 12월 25일

펴낸이	배용하
책임편집	배용하
등록	제364-2008-000013호
펴낸곳	도서출판 대장간
	www.daejanggan.org
등록한곳	대전광역시 동구 우암로 75-21 (삼성동)
편집부	전화 (042) 673-7424
영업부	전화 (042) 673-7424 전송 (042) 623-1424

분류	기독교 | 평화 | 평화주의
ISBN	978-89-7071-366-3 (04230)
	978-89-7071-315-1 (세트)

 값 12,000원

그럼에도 불구하고, 평화

종교적 평화주의의 다양성과 약점

존 하워드 요더

박예일, 윤성현 옮김

차례

추천의 글 ■ 김복기(한국아나뱁티스트센터 총무)

평화를 갈망하는 사람을 위한 선물

인류 역사상 지난 세기만큼 전쟁으로 인류가 고통을 받았던 적이 있었을까? 지난 세기만큼 평화가 간절했었던 적이 있었을까? 그래서인지 20세기는 유달리 많은 영웅을 배출했다. 유럽과 태평양과 아메리카 대륙에서 있었던 전쟁 영웅과 각 분야에서 평화운동을 이끌었던 영웅이 더 많이 배출되었다. 사실 '전쟁 영웅'은 폭력의 질곡을 걸어온 인류 역사가 전쟁을 미화하고 정당화하는 과정에서 뱉어놓은 기형적인 결과물이자 결코 있어서는 안 될 단어이기도 하다. 반면 '평화 영웅'이란 말은 잘 사용하지 않는 말일뿐더러, 어색하게 느껴지기까지 하다. 평화에 관심이 많은 사람이라야 겨우 알만한 평화 운동가들의 이름들과 이미 유명하지만 그들이 평화 운동가였는지도 모를 정도로 낯선 문화 속에서 사는 것이 우리의 현실이다. 역설이긴 하지만, 지난 세기에는 전쟁과 폭력이 극에 다다랐기에, 평화운동도 그만큼 치열했던 것 같다.

다행히도 이 땅에 평화를 이루기 위해 애쓴 사람들의 이름이 얼마정도는 우리의 기억에 자리하고 있다. 톨스토이, 간디, 본회퍼, 마틴 루터 킹, 도로시 데이, 존 레논, 토마스 머튼, 오스카 로메로, 넬슨 만델라, 데스몬드 투투 등 대표적인 평화를 위해 애쓴 사람들뿐만 아니라, 세계평화화의 World Peace Council라든가 역사적 평화교회Historic Peace Church, 기독교 평화

건설팀Christian Peacemaker Teams 등 여러 조직들이 결성되기도 하였다.

평화운동가들만큼 널리 알려지지는 않았지만, 신학계에서도 평화주의 자들의 목소리가 울려나왔다. 롤란드 베인턴의『전쟁, 평화, 기독교』라든 가 한국에 소개된 가이 허쉬버그의『전쟁, 평화, 무저항』와 같은 저작들 은 기독교 평화학의 기념비적인 저술임에도 불구하고 많은 사람들에게 잘 알려져 있지 않다. 그럼에도 불구하고 요더만큼 기독교 평화학을 철저 하게 연구하였으나, 잘 알려지지 않은 인물도 드물다. 이는 그가 메노나 이트라는 소수 교단에 속해있었기 때문이기도 하겠지만, 좀 더 솔직하게 말하자면 기독교가 그만큼 평화에 대한 관심을 두지 않았다는 말이기도 하다. 이러한 때에 그의 역작으로 알려져 있는『예수의 정치학』과『당신 이라면』,『선포된 평화』에 이어『그럼에도 불구하고, 평화』가 한글로 출 판되는 것은 평화주의자들은 물론 평화에 관심 있는 학자, 교육가, 독자 들에게 경사가 아닐 수 없다.

『그럼에도 불구하고, 평화』는 평화에 대한 그의 탁월한 연구를 일목요 연하게 정리한 또 하나의 역작이다. 전 세계에 존재하는 서로 다른 평화 운동을 유형별로 분류해 놓은 이른바 평화유형론typology으로 각자의 평 화주의 노선이 어디에 속해 있는가를 쉽게 이해할 수 있게 정리한 책이 다. 1971년 초판 발행 후, 1976년과 1992년에 개정판이 출간되었는데, 1992년 판에는 초판의 17개 유형에 11개의 새로운 유형을 추가하였다.

이 책에서 요더는 저마다 특징 있는 평화운동을 하나의 유형으로 분류 한 후, 일정한 패턴을 따라 글을 전개하고 있다. 우선 평화주의에 적절한 이름을 붙여 각 장의 제목으로 삼았다. 그리고 그 유형을 대표한 인물이나 단체가 남긴 경구aphorism로 글을 시작한다. 유형분류와 대표적 인물만으로도 해당 평화주의의 성격이 드러남을 알 수 있는데, 저자는 독자들의 이해를 돕고자 그 평화주의가 형성되어온 배경과 역사 혹은 핵심 주제들을 설명한다. 그리고 그 유형의 특징을 꼭 집어 놓은 공리를 요약한다. 이 공리에는 그 평화주의가 주창하는 신념이나 확신 혹은 그 아래 깔려있는 기본적인 이해나 전제하고 있는 견해가 한 문장으로 요약되어 있다. 그 평화주의 유형이 갖고 있는 핵심 내용이 무엇인지 알기 원하는 독자라면 이 공리 부분을 먼저 읽어도 좋을 것이다. 그렇게 공리를 밝히고 난 후, 요더는 저마다 완벽하지 않고, 완벽할 수도 없는 그 평화주의 유형이 갖고 있는 약점을 소개한다. 그 후 이러한 약점에도 불구하고그럼에도 불구하고, 이 평화 유형이 갖는 탁월성은 무엇이며, 이 유형이 갖는 진정한 의미가 무엇인지 역사적 사례를 들어가며 설명한다. 그리고 마지막으로 이 유형이 가져야할 나름대로의 제안 사항을 제시하며 결론을 짓는다.

간단하게 요약하자면 이 책은 "유형-경구-공리-약점-그럼에도 불구하고-결론"이라는 패턴 아래 분류 가능한 기독교 평화주의의 이론과 실제를 독자들에게 선물하고 있다. 뿐만 아니라, 예외 상황이나 프로그램 및 실용성 논의와 같은 막간 논의, 그리고 각주와 부록으로 달려있는 연구 목록들과 선별된 자료는 독자들을 좀 더 깊은 평화읽기로 초청하는 요더의 학자적 면모를 느끼게 해준다.

이러한 방식으로 이 책은 우리에게 동일한 평화를 주창하면서도 서로의 입장이 얼마나 다를 수 있는가를 주지시켜 준다. 동시에, 자신이 속해 있는 평화 전통이 어떤지 살펴보고 '기독교 평화주의 안에 이렇게도 많은 부류들이 있구나!' 하는 깨달음을 선사한다. 뿐만 아니라, 겸손히 자신의 입장을 살피고 서로 다른 평화주의가 얼마든지 존재한다는 사실을 인정하면서 함께 평화의 여정을 걸어갈 수 있도록 안내한다. 그러기에 이 책은 기독교 평화주의에 대해 알고자 하는 사람들에게는 꼭 필요한 평화주의 교과서라 해도 부족함이 없을 것이다.

그러나 이러한 것보다 더 소중한 게 있다. 그것은 독자들이 평화주의에 대한 탁월한 자료를 확보하고 간직하고 말 것이 아니라, 적극적인 읽기를 통해 기독교 평화주의를 서로 비교하여 보고, 각각의 강점과 약점을 하나로 엮어, 보다 더 나은 평화로 나아가야 할 과제가 우리에게 주어져 있다는 사실을 직시하고 깨닫는 일이다. 결국 책읽기의 목적은 지식 쌓기 놀이가 아니라, 일련의 과정을 통해 갈고 닦은 지식이 곧 삶으로 연결되도록 실천하는 것이기 때문이다. 우선 자신이 속한 교회의 전통과 평화주의 입장을 이해하고, 그동안 틀렸다고 여겨왔던 여러 다른 입장의 평화주의와 정직하게 대화할 수 있다면, 그때 비로소 스스로를 정당화하는 대신 진정한 평화로 나아갈 수 있지 않을까? 미루어 짐작컨대, 아마도 이것이 평화를 갈망하는 각 사람들과 온 인류에게 이 책을 선물한 요더의 진정한 의도가 아닐까 싶다.

폭력이 엄연히 존재하는 세상, 그럼에도 불구하고⋯

요즘같은 '웰빙' 시대에 채식주의는 열풍적인 대안이다. 건강에 관심이 있는 사람이라면 누구나 한번 고민해 봤음직한 결단이다. 하지만, 이 채식주의에도 여러 유형이 있다. 어떤 사람은 육류만을 제외하기도 하고, 어떤 이는 생선을, 어떤 이는 유제품까지도 입에 대지 않는다. 이처럼 평화에 관심이 있는 사람이라면 누구나 '평화주의' 사상을 고민해 보았을 것이다. 그러나 이 평화주의에도 여러 가지 유형이 있다. 이런 유형들을 탐구함으로써 우리가 얻는 유익은 정말로 실제적이다. 일종의 '~주의'라는 말이 불러일으킬 수 있는 추상성이 사라진 이 책은 우리가 처한 현실을 지체없이 조명한다. 예로 하나의 질문을 던져보자. 우리나라는 "모든 국민은 법률이 정하는 바에 의하여 국방의 의무를 진다"는 헌법 제39조에 따라 징병제를 실시한다. 실제 대부분의 기독 청년들은 국방의 의무를 다하기 위해 소중한 청춘의 때를 헌신한다. 그렇다면 이들 모두는 '평화주의자'가 아니라 비평화주의자들인가?

2006년에서 2015년 7월 말까지 우리나라의 양심적 병역 거부자 수는 5,723명이었으며, 그중 여호와의 증인 신도가 5,686명이었다. 하지만, 보다 엄밀하게 존 요더는 이를 양심적 병역 거부가 아니라 '철학적' 병역 거부11장라 부를 것이다. 왜냐하면, 특정한 신념을 따르는 집단의 평화주의를 나타내기 때문이다. 그렇다면 우리나라에서 평화주의는 이단의 전유물인가? 이에 대해 직감적으로 '아니' 라고 대답하고 싶어지지만, 설명하기가 쉽지 않은 것도 사실이다. 그렇다면 왜 아닌가? 국가의 헌법에 대항하여 총검술을 받지 않고 괴뢰군의 표적에 사격하기를 거부하는 것만이 평화주의자의 자세란 말인가? 총을 든, 무장 평화주의도 가능한가? 요더는 유형론적, 위상학적, 분류학적 작업을 통해 이 모든 질문에 대한 대답을 또박또박 한다.

독자는 스무가지가 넘는 평화주의의 유형을 탐구하면서 특정한 유형에 매력을 느낄 수도 있을 것이다. 아니면 이미 품고있던 자기의 신념과 동일한 유형을 발견할 수도 있을 것이다. 또 많은 독자들은 자기 입장이 두세 가지 유형에 걸쳐있음을 깨닫게 될 것이다. 비판적인 독자들은 요더의 분류 기준을 납득하지 못할 수도 있다. 그것은 때때로 요더 자신도 혼동하는 듯이 보이며, 실제로 그렇게 신경쓸 문제도 아니기 때문이다. 하지만, '그럼에도 불구하고' 이 작업은 여러 평화주의의 장점을 발전시키고 단점을 반성하게 하는 촉진제이다. 우리는 폭력적인 세상 속에서 일치되지도 않은 평화주의를 가지고 분투하고 있지만 '결국에는' 세상이 선한 하나님께서 의도한 종말, 곧 절대적 평화의 세계로 향하게 될 것이라는 믿음을 가지고 있다.

요더가 본문에서 자주 언급한 것처럼 평화주의에 여러 가지 형태가 있다는 사실은 그것이 실로 실천적이라는 사실에 다름없다. 우리는 제각각 다른 상황에 놓여있다. 단 한 사람도 동일한 상황에 있지 않다. 누군가는 책상에 앉아 몇 줄 글을 언론에 기고하며 반전 운동을 할 수 있지만, 누군가는 그런 운동을 고려할 시간도 없이 촉박한 상황에 처해있다. 누군가는 입영을 거부하며 자신의 입장을 자랑스레 페이스북에 올릴 수 있겠지만, 지구 반대편에서는 당장 감옥에 가야할 처지에 놓일 수도 있다. 선진 사회의 시민은 수도원에서 피정하며 개인의 안식과 평화를 실천할 수 있겠지만, IS를 피해 나온 피난민이나 탈북자는 남겨진 가족들을 생각하며 폭력적인 사회 속을 동분서주하며 보다 머나먼 평화를 갈망할 수도 있다. 그래서 여러 유형의 평화주의는 각각의 구체적인 상황 속에서만 통용 가치가 있다. 이는 구성신학적 과업을 요청한다.

하지만, 우리 마음 속 깊은 곳의 울림을 무시할 수 없다. "평화가 과연 가능할까?" "폭력의 종말이 과연 가능할까?"는 우리의 염세적 성향에서 비롯한 것이 아니라 현실적 감각에서 비롯된 의심이다. 우리는 도로시 데이, 마틴 루터 킹, 간디를 존경하지만 람보, 배트맨, 제이슨 본맷 데이먼, 이단 헌트톰 크루즈에게는 열광한다. 서구 문화에 대한 요더의 우려도 바로 여기에 있다. 정의로운 폭력이 무엇보다 평화의 가장 큰 걸림돌이 될 수 있다는 사실은 이 고민이 가벼울 수 없는, 혹은 너무나도 어려운 문제라는 점을 잘 보여준다. '그럼에도 불구하고' 요더에 따르면 이들도 평화주의자의 유형에 한 자리를 차지하고 있다. 우리가 '결국에는' 필수불가결한 폭력을 사용할 수도 있는 불완전한 세상에 살고 있는 것을 인정해야

하기 때문이다. 이러한 맥락에서 다양한 평화주의에 내재한 상호모순을 느낄 수 있겠지만, 요더의 지적처럼 이는 호전적인 자들의 입장에 비할 바가 못된다. 오히려 상호강화 작용을 통해 전쟁의 논리를 더 적나라하게 들춰낸다.

성미가 급한 독자들에게는 각 장의 '그럼에도 불구하고'와 '결국에는' 부분을 먼저 읽는 것도 여러 입장을 이해하는 괜찮은 요령이 될 것이다. 이 책의 가장 큰 유익이 바로 서로 다른 입장에도 '불구하고' '결국에는' 절대 평화를 위한 실천적 연합을 도모하는 데 있기 때문이다. 끝으로 요더 총서 발간을 위해 애쓰신 대장간 출판사 배용하 대표에게 감사드린다. 번역 중간 차질을 빚어 갑작스레 공역을 부탁했음에도 흔쾌히 승낙해준 박예일 형제에게도 감사드린다. 11장까지는 내가 그 이후는 박예일이 옮겼다. 요더의 독창적인 단어 사용이 많아 낯선 용어들도 있겠지만 지나친 의역보다는 까다로운 저자의 의도를 살려보려 하였다. 본서를 통해 무엇보다 대내적인 갈등과 대외적인 충돌을 동시에 겪고 있는 우리 사회에 조금이나마 평화의 빛이 스미기를 기대한다.

추천사 ■ 존 K. 스토너(New Call to Peacemaking 책임자)

전쟁에 관한 논의가 벌어지는 모든 곳에서 읽혀지길…

이 책은 놀랍도록 시의적절하고 유용하다. 평화주의를 논하는 그리스도인들은 다양한 유형의 평화주의에 대해 알아야만 한다. 그들은 바로 이 책에서 많은 것을 배울 수 있을 것이다.

이 책은 존 하워드 요더가 1971년에 펴낸 초판을 개정 증보한 것이다. 요더는 초판에 포함된 평화주의의 17가지 주된 유형에 '랍비 유일신론의 평화주의'를 비롯한 네 가지 유형을 추가하였다. 따라서 독자들은 초판과 개정판 모두에서 간략히 다룬 여덟 가지 유형17장과 더불어 전쟁에 반대하는 29가지의 서로 다른 명백한 주장들을 보게 될 것이다.

이러한 유형들은 상호배타적으로 제시되지 않는다. 평화주의자들은 자기 자신 안에도 얼마나 많은 평화주의의 유형들이 있는지를 발견하고 놀라게 될 것이며, 평화주의자가 아닌 사람들도 전쟁에 반대하는 주장에는 수많은 방식들이 있음을 보고 놀랄 것이다.

많은 독자의 기대에 걸맞게 이 책의 저자, 존 하워드 요더의 기발하고 신선한 통찰력이 이 책의 전반에 풍성히 산재해 있다.

전쟁에 관한 논의가 벌어진 곳이라면, 고등학교 교실에서 복잡한 학문적 논쟁에 이르기까지 이 책의 유형론을 사용하여 큰 유익을 취할 수 있을 것이다. 여러가지 평화주의를 명칭에 따라 살펴보면서, 또 그러한 여러 입장들의 장단점을 허심탄회하게 논의해봄에 따라서 상호간에 소통은 점차 향상될 것이다.

『그럼에도 불구하고, 평화』는 여기서 다루는 내용 이상으로 유용한 연구 지침서이기도 하다. 각주와 부록에는 무척 값진 참고문헌들이 수록되어 있는데, 이를 통해 연구자들은 전쟁과 평화에 대한 주제에 있어서 가장 적합한 자료들을 접할 수 있을 것이다.

교회가 권력정치power politics와 과학기술로 인한 학살에 대한 대안을 결코 제시한 적이 없다는 도전을 받고 있는 현 시점에 독자들에게 이 책을 추천하게 되어 기쁘다.

서문

그리스도인이 전쟁에 참여하는 것에 관한 거듭된 논쟁 가운데 하나를 살펴보면 각각의 입장들이 서로 다른 이야기를 하고 있다는 고질적인 인식을 가지게 된다. 이렇게 서로가 가진 오해의 일부는 단순한 무지에서 비롯된 것이다. 주류 기독교 평화주의 전통에 속한 특정한 분파에는 소수의 신봉자들이 있다. 그 가운데 일부는 그들이 속한 공동체 바깥에 있는 대화 상대들이 편견 없이 이해할 수 있는 '일반적' 용어로 설명되지 않는다. 또한 1920년대에 칼 바르트Karl Barth와 에밀 브루너Emil Brunner가 한때 그들의 친한 선배였던 레온하르트 라가츠Leonhard Ragaz의 평화주의에 부정적이고 감정적으로 반응했던 것과 마찬가지로, 오해는 각 사상가들의 개인적 경험의 일부이기도 하다. 1930년대 라인홀드 니버Reinhold Niebuhr가 한때 몸 담았던 화목단Fellowship of Reconciliation의 평화주의를 거부한 것은 이에 대한 또 하나의 예이다.

이러한 이유로 논쟁에 문제가 발생하는 것은 서로 큰 차이가 있을 때 나타나는 일반적인 특성이다. 그렇다면 과연 이들은 만나서는 안 될 사이인가?

최근 몇 십년 동안의 군비 확장, 핵 무장 경쟁, 월남전과 페르시아만의 걸프전을 비롯한 전쟁을 촉발시키는 다른 적대 행위들을 둘러싼 다각적인 대화를 보다 명료하게 만드는 것이 이 책의 목적이다. 이를 위해 '평화주의'가 단지 한 사상가가 권위적으로 주창한 특정 입장이 아니라는 더 넓은 인식이 필요하다. 바로 그것은 서로 다를 뿐 아니라 심지어 이따금은 모순적이기도 한 광범위한 관점들의 총체이기 때문이다. 따라서 우리는 당장 논쟁에 뛰어들어 옳고 그름을 가릴 것이 아니라, 먼저 서로의 입장이 무엇을 말하며 어떤 추정을 하고 있는지 이해해야 한다. 그것은 단지 평화주의라는 명칭이 단 하나의 의미를 가질 것이라고 가정함으로써 우리가 공정하고 충분한 입장에 서게 될 것이라는 섣부른 생각보다 좋은 자세이다.[1]

나는 이미 현재의 명칭들이 실제로 가리키고 있던 여러 입장들을 분류하는 작업으로 책을 시작해야 했다. 모든 평화주의자가 동의하는 단 하나의 명료한 정의를 가진 그런 유일한 입장의 평화주의란 없다. 대신에 전쟁에 반대하는 여러 종류의 입장들이 존재한다. 그들 중 일부는 서로 유사하지만 일부는 어투 뿐만 아니라 심지어 요지에 있어서도 큰 차이가 있다. 그들을 똑같은 호칭으로 한데 묶는 것은 서로에게 폭력적인 행위가 될 것이다.

따라서 내가 수행할 작업은 평화주의에 얼마나 많은 다른 유형들이 있으며, 서로 어떻게 다른지 묻는 **유형론**이다. 또는 다양한 입장들의 위치

---

1) 이는 특별히 같은 입장에 있는 사람들이 같은 명칭을 때론 수긍하거나 때론 거부하는 경우에 해당한다. 16장에서 적어도 한 전통에 있어서 그런 경우를 보여주고 있다.

를 지도에 나타내려 한다는 점에서 **위상학**이라 부를 수 있을 것이다. 그렇지도 않다면 다양한 현상들을 우리에게 적합해 보이는대로 일종의 순서대로 나열하는 **분류학**이라 부를 수 있을 것이다. 어떤 '평화주의들'은 가까운 이웃과도 같다. 반면에 어떤 '평화주의들'은 우리와 멀리 떨어져 있다. 이러한 서로의 관계에 있어서 우리는 서둘러 평가하기 전에, 각각이 가진 논리적 정당성을 살펴보아야만 한다. 나는 한 가지 특정 입장에서 볼 수 있는 다른 입장이 가진 결점을 쉽게 인정해 버리지는 않을 것이다.

각각의 입장을 있는 그대로 이해하려는 관심은 심지어 명백한 분석에 대한 관심보다 더 중요할 것이다. 내 자신과 독자들을 위해 윤리학자들이 기존에 만들어 둔 분류에 평화주의의 유형들을 끼워 넣어서 이 작업을 더 쉽게 끝낼 수도 있었다. 나는 수단의 도덕을 목적의 도덕과, 원칙을 직관과, 양심을 책임감과, 비전을 판단과, 특성을 규칙과, 동기를 전략과 대조시킬 수 있었다. 나는 만일 독자들이 그런 고전적 조직 윤리학의 주제들이 은연중에 비치는 것을 발견한다고 하더라도 거기에 이의가 없을 뿐더러, 오히려 적합하다고 여겨지는 곳에서는 일부 이런 기존의 명칭들을 차용하는 데 주저하지 않을 것이다.

하지만 그런 대조를 통해 전체적인 틀을 잡지 않았다. 대부분의 경우 그런 식의 방법을 취하는 이들은 단지 하나의 기본적인 물음이 있고, 가능한 두 가지의 대답이 있다고 가정한다. 그래서 그런 양극단이 전체 분석의 특정이 되게 만든다. 그러나 많은 경우에 있어서 적어도 서너 개의 선택의 여지를 두는 것이 더 공정할 것이다. 더욱이 그런 양극단의 분석은 보통 두 가지 중 하나에 슬며시 기울어져 있곤 하다. 나는 여기서 각각의 입장이 그 자체의 근원에서 솟아나오기를 원했다. 그러므로 어떤 하나의 전통 윤리학적 양극단이 다른 것들에 비해 문제를 명확하게 만들고 잘 분류할 수 있다고 인정할 수 없다.

더 나아가 유형들을 분류하고 그들의 본질적인 연결 고리와 유사 부분, 겹치는 부분들을 언급하는 것이 가능할 것이다.[2] 하지만, 나는 먼저 각각의 온전함과 일관성을 찾아 그들의 다양성을 구별하고 알려야만 한다. 이를 원래 우리가 가지고 있었던 익숙함을 줄여 나가는 방식으로 수행해 나갈 것이다.

뒤에서 제시될 분류에 속한 모든 이들이 자신이 속한 그 분류를 인식하고 있는 것은 아닐 것이다. 많은 평화주의자들은 운동가들이지 체계적 개념 분석에 빠진 자들이 아니다. 개인이나 단체가 그들의 신념 안에서 한 가지 이상의 여러 입장을 결합할 수도 있을 것이다. 앞으로 자세히 살펴보겠지만, 여러 다른 입장들의 명칭을 정하고 서로 간의 차이를 살펴보는 것이 반드시 그들 사이의 구분이 뚜렷하다는 사실을 뜻하지는 않는다. 하지만, 혹 겹치는 부분이 있다손 치더라도 그런 사실이 이런 모든 입장을

---

2) 여기서 이 주제에 관한 모든 논리적 유형들이 서술된 문헌들을 모아둔 두 가지 최상의 작품들을 상호 참고하는 것은 흥미로운 작업일 것이다. Peter Mayer, *The Pacifist Conscience* (Chicago: Henry Regnery Co., 1967), 그리고 Arthur and Lila Weinbergs, eds., *Instead of Violence* (Boston: Beacon Press, 1965). 나는 이에 대한 시도를 하지 않을 것이다. 이 책의 요지에 필요한 범위와 복잡성의 정도는 이미 충분히 정해졌기 때문이다. 다만 다음 책에서 두각을 보인 주요 가닥들의 유사구들은 언급할 것이다. Geoffrey Nuttall, *Christian Pacifism in History* (Oxford: Blackwell, 1958). 유형 조사에 관한 또 다른 도전을 제기한 이들도 있다. John Richard Burkholder and Barbara Nelson Gingerich, *Mennonite Peace Theology: A Panorama of Types* (Akron Pa.: Mennonite Central Committee, 1991).

한 자루에 담는다든가 혹은 다른 입장이 가진 공리를 받아들인 사람들을 비난한다든가 하는 사실을 합리화할 수 없다.3)

누군가는 구체적인 선택에 도움을 얻는 하나의 방편으로 개념적인 분석을 얻고자 이 책을 도덕이라는 여러 작품이 걸려 있는 미술관 복도를 걸어다니는 것처럼 읽을 수도 있다. 그런 자세도 좋다. 이 책을 통해 독자들이 하나의 도덕적 쟁점으로서 전쟁에 대해서 보다 현명하게 생각할 수 있게 되는 것이 나의 바람이다. 물론 그 사안은 하나의 쟁점 이상으로 크긴 하지만, 말이다. 이런 활동의 유용함은 다른 방향으로도 흘러갈 수 있을 것이다.

우리는 만인이 이러저러한 생각을 가지고 있는 전쟁이라는 경우를 통해 기독교 윤리학에서의 방법에 대해 훨씬 더 넓게 생각할 수 있는 탁월한 기회를 가진다. 이로써 우리 논증이 가진 논리에 관해 도덕적으로 판단하는 우리의 능력이 대개 어떻게 검증되지 않은 추론에 근거하는지 생각해 볼 수 있다. 구체적인 논의가 논리에 관한 질문들을 더욱 밝혀 줄 것이다. 이런 연유로 '유형별' 설명 사이에 막간 논의를 간간이 끼워 넣었다. 이런 막간 논의들을 통해 바로 그런 논의가 우리가 어떻

---

3) 1967년 12월 교황(바오로 6세)은 "평화라는 말은 평화주의를 뜻하는 것이 아닙니다. 그것은 비겁하고 나태한 삶의 개념 속에 숨지 않으며 …"라고 말했다. 1991년 요한 바오로 2세(John Paul II)도 "우리는 평화주의자가 아닙니다. 우리는 평화를 위해 치르어야 할 대가가 무엇이든 간에 다 감수해야 한다고 바라지 않습니다"라고 말했다. 평화주의와 도덕적 약점을 이렇게 불분명하게 동일시하는 것은 유럽에서 사용되는 언어의 용례를 살펴볼 때 용납할 만하다. 이 경우에는 문자적으로 평화주의(pacifism)보다는 유화(appeasement)라는 말이 더 적합한 번역이지 싶다. 유화의 중점은 양심적 병역거부에 있지 않다. 그것은 반드시 이상적인 이유들에서 비롯된 것만은 아니며, 오히려 국가에 있어서 비군사적 정책 계획을 지칭하는 것이다.

게 생각하는지에 관해 무엇을 보여주고 있는지 되짚어 본다. 여기에는 장별로 구분하는 숫자를 따로 붙이지는 않았다.

보다 넓게 우리가 다루는 사안에는 현대 문화 속의 다원주의가 가지는 가치와 함정에 대해 더 신중히 고려해 볼 필요도 포함된다. 누군가는 다양성을 인정함으로써 우리의 결단성이 약화된다거나 우리가 확고한 태도를 가지지 못하게 될 것이라고 여긴다. 그러나 꼭 그렇지만은 않다는 사실을 보여주는 것이 이 책의 요지이다.

끝으로 1992년 이 개정판이 출간되는데 중요한 도움을 준 데이빗 가버David Garber와 마크 네이션Mark T. Nation에게 감사를 표한다. 또 1972년의 초판 편집의 마지막 과정을 도와준 존 렘펠John Rempel에게 당시 전하지 못했던 감사를 늦게나마 표하는 바이다.

존 하워드 요더

제1장

기독교 세계주의의 평화주의

국가 간의 참되고 견고한 평화는 군비의 균형이 아니라
상호 신뢰에 의해서만 확립된다.
교황 요한 23세, 「지상의 평화」

　교회가 세계 평화에 대해 관심을 가지는 한 가지 방법을 이해하려고 작은 마을에 있는 한 교회를 머릿속에 그려 보며 시작하는 것이 좋을 듯하다. 그 마을의 교회와 목사는 출석 교인들의 생각과 행동 뿐만 아니라 지역 사회의 전반적인 삶에 대해서도 관심을 가질 것이다. 교회는 교인이 아닌 사람들의 필요와 행동에도 관심을 가질 것인데, 이는 그들 역시 이웃으로 교회와 교회의 지도자들이 관심을 둘 지역 사회의 분위기에 영향을 미치기 때문이다.

　목사는 신자들을 가르칠 뿐만 아니라 이웃끼리 평화롭게 함께 살아가는 것이 바람직하고 여러면에서 가능하다는 사실을 나머지 지역 사회 구성원들에게도 설교할 것이다. 이웃 간에 분쟁이 생길 때에는 그들이 교인이든지 아니든 간에 그 작은 마을의 목사는 관련자들에게 함께 모여 협의하고 화해하도록 권고할 것이다. 목사는 어느 편을 꼭 들려하거나 판단하려고도 하지 않을 것이다. 그는 목회적 지침에 따라 어떤 특정한 갈등이든지 잘잘못을 따지려 들지 않고 성숙한 이웃 간의 이해에 호소하여 해결하려 할 것이다.

이 작은 마을에는 무장을 하고 간간이 그것을 사용하기도 하는 보안관이 있을 것이다. 그러나 대개의 경우 이웃들이 평화롭게 함께 살아가는 이유는 보안관이 있기 때문이 아니다. 대다수는 지적이고 성숙한 인간으로서 서로 화해하면서 사회적 관계의 토대를 존중하는 것이 그들에게 이롭다는 사실을 알기 때문이다. 이러한 이해는 그들이 심지어 어떤 희생이나 타협을 감수해서라도 평화를 지속해 나가도록 동기를 부여한다. 그리스도인들은 평화롭게 살아갈 이유를 더 많이 가지고 있으며 목사 역시 평화를 위해 부름받은 더 많은 이유가 있지만, 이런 이유들은 대체로 공동체 전체의 유익과도 일치한다.

이제 이 그림을 온 세계를 바탕으로 펼쳐보자. 그리스도인들은 세계적으로 생각하라고 배운다. 이것은 과학 기술의 결과이기도 하지만, 복음의 효과이기도 하다. 교회는 연약하지만 세계 도처에 존재한다. 교회의 지도자들은 온 세계가 그들의 교구로서 그들이 책임져야 한다는 사실을 알고 있다. 세계가 교구라면 교회는 폭력 없이 서로 잘 지내야 한다는 지역 사회의 그림을 세계적 수준으로 국가 사회 안에서 적용하려고 사역해야 한다. 지역 사회는 봉건 영주와 마피아의 지배에서 벗어나야 한다. 미국과 캐나다의 국경은 군비 확장 없이 평화를 유지해 왔다. 마찬가지로 세계적 수준에서 국가들은 서로 잘 지내는 법을 배워야 한다.

교황들은 이 견해에 가장 인상적인 진술을 해왔다. 20세기에 그런 가르침은 베네딕토 15세재위: 1914-22까지 거슬러 올라가며, 특히 근 몇 십년 간에는 요한 23세의 회칙 「지상의 평화」로 확장되어1) 1965년 유엔UN에서 바오로 6세의 연설에서 상징적인 절정에 이르렀다.2) 교황 바오로 6세는 선의를 가진 모든 사람들을 그리스도인이라고 보지 않았다. 그 대신 하나님과 도덕과 인류애라는 이름으로 자신의 교구, 즉 이 세상에 사는 모든 이들의 안녕을 이루는 것에 대해 비그리스도인에게까지 말한 것이다.

교황은 전쟁의 도덕성에 관한 근본적 질문에서 시작하지도 않았을 뿐더러 당면한 분쟁에서 어느 편이 옳은지를 결정하려고도 하지 않았다. 단지 그는 사목적 방식으로 사람들이 계속해서 잘 지내는 데에 다툼은 전혀 도움이 되지 않는다고 말했을 뿐이다. 이런 유형의 도덕적 관심은 불신자들을 포함한 모든 사회를 향한 교회의 사목적 태도의 표현이다. 다른 말로, 이는 교회가 주장하는 진정한 보편성의 평가이자 표현이다. 그렇게 말함으로써 교회는 그것이 하나의 국가적이거나 지역적인 공동체가 아님을 확인한다.

따라서 넓은 의미에서 이를 '가톨릭' 입장이라고 부를 수 있을 것이다. 그렇다고 이것이 로마 교회의 독특성인 것만은 아니다. 많은 개신교와 동

---

1) 「지상의 평화」*Pacem in Terris*, 1963년 4월 11일(성 목요일). 이 회칙에서 당면한 도발에 대해 직접적인 언급을 하고 있지 않다고 하더라도, 그것이 바티칸 공의회가 시작된 직후이자 요한 23세가 죽기 불과 몇 달 전에 발표되었다는 사실은 쿠바 미사일 위기 사태로 그의 심경에 일어난 특별한 사목적 우려를 보여준다(로마 가톨릭 문헌들은 여러 판본으로 널리 읽혀지기 때문에 여기를 비롯하여 앞으로도 구체적인 출처를 명시하지는 않았다).

2) "당신이 형제가 되고 싶다면 손에서 무기를 내려놓으십시오"라고 1965년 10월 4일, 유엔 총회에서 바오로 6세가 말했다. 그 이후, 이런 관심은 제2차 바티칸 공의회 문헌에서 훨씬 더 넓고 분명해졌다(Gaudium et Spes: The Church in the Modern World, 특히 5장). 이후 그 문헌의 표현은 이 책 2장에서 기술된 형식을 취하는 경향이 있다.

방 정교회 교인들을 비롯하여, 여타 종교의 일부 대변인들과 세계 연방주의자들은 같은 종류의 입장을 고수하고 있다. 이와 동일한 입장을 택하는 이들은 점차 늘어나 세계교회협의회WCC를 비롯하여 도덕적 통찰에 관한 다른 비종교적 집단들도 그런 입장을 취하고 있다. 모든 차이를 판별하거나 정답을 강요하는 역할을 하지 않으면서 하나의 관습으로 전쟁에 반대하는 일을 하고 목소리를 내는 것은 논리적으로 완전히 가능하다.

자명한 공리

이런 접근법에 깔려 있는 공리는 우리가 가진 공통의 인간성이 실제이자 도덕적 명령이라는 점이다. 인간 공동체는 —작은 마을에서 지구촌에 이르기까지 규모를 막론하고— '도시의 평화'를 대변하는 특정 목소리를 필요로 하며 거기에 권한을 부여한다. 이것이야말로 본질적 가치이며 살인의 도덕성에 관한 윤리적 판단의 특정 체제나 갈등의 공과를 재단하는 것과는 상관이 없다. 오늘날 세계 전체를 바라보는 교회나 의회는 목자의 자세를 취할 것이다.

교회의 입장에서 이러한 접근이 가지는 장점은 바오로 교황의 유엔 방문이나 그 직후에 소련 대통령 포드고르니Podgorny가 최초로 로마를 방문한 획기적인 사건으로 상징적으로 드러난다. 여기에는 사람이나 기관이 가지는 일종의 실제적인 도덕적 권위가 있는데, 이 권위는 일반적으로 사회가 무시할 수 없는 목소리이다. 그렇다고 이것이 헌법적 권리인 것은 아니다. 이는 다만 특정 사안에 대해 특정한 때와 장소에서만 유효한 사실이다. 그렇지만 이는 무시할 수 없는 현실이다. 구체적인 상황 속에서 도덕적 권위를 가진 자가 쟁점을 파악하고 그 권위를 사용할 때 사회에 유익이 될 수 있다. 이런 일은 개인의 종교적 헌신에 어떠한 변화도 없는 경우라 할지라도, 또 공공 기관에서의 공식적인 도덕적 권위로의 인정 없이 벌어진다.

약점

우리가 기독교 윤리 신학의 기준에서 이러한 가톨릭 평화주의를 평가해보면, 여기에 다소간의 약점이 있음을 알 수 있다. 즉 그것은 기본적으로 기독교가 개인의 신앙과 상관없이 이해할 수 있는 일종의 도덕적 가르침이라는 사실을 사회 전반에 심어주는 것은 아닌가? 그런 가르침은 때로는 사람들의 진정한 관심사와 안녕과는 반대되기도 하며, 실제로 그렇게 실천하는 것이 불가능함을 보여주기도 한다. 세상이 여기에 귀 기울이게 하려면 그것은 조금이라도 부담이 덜 되는 모습으로 축소되어야 한다. 누군가는 이러한 도덕적 요구가 인간의 힘만으로 성취할 수 있는 것으로 받아들인다. 다른 이들은 그런 이해가 부적절하다는 인상을 받는다. 그렇다면 이런 식으로 확고한 신념을 바탕으로 하지 않는 도덕적 훈계가 일반적으로 사회에 유익하다고 말할 수 있는가? 예컨대 살인 자체가 그른 것인가? 라는 논쟁적인 질문에 대해 무슨 언급을 할 수 있는가?

교회는 일찍이 중세 시대의 신의 평화Peace of God와 신의 휴전Truce of God 운동을 통해 이런 관심을 표명하였다. 중세의 주교들은 특정한 때와 장소에 한해 전쟁을 제한하려고 하였다.3) 이는 전쟁을 제한하려는 시도 하에

---

3) 참고. pp. 110-112 in Roland Bainton, *Christian Attitudes to War and Peace* (Nashville:

봉건 전쟁을 에둘러 정당화하였다. 윤리적 규범 없는 이러한 근대의 목회적 관심 또한 그 참된 의도를 약화시키지 않는가?

이런 종류의 도덕적 권위에 대한 호소가 지나치거나 무시될 때 그것이 쉽게 거부될 수 있다는 점은 또 다른 전형적인 약점이다. 전쟁이 발발하기 직전의 상황이나 이미 교전 중인 상황에서 그러한 권고로 싸움을 멈추게 할 수 없다. 이런 견해는 이미 상대방과 다른 사회에 속해 있다고 생각하는 사람들이나 국가 간에 도사린 적개심이 터져나오는 것을 막을 수 없다.4)

온 세계를 향한 이러한 목회적 관심은 양측 모두의 잘못이 아닌 경우 마땅히 한쪽 편을 들어야 하는 진리의 요구에도 부응할 수 없다.5)

Abingdon, 1961). 또한 '신의 평화'와 '휴전'에 대해 다음을 참고하라. James T. Johnson, *The Quest for Peace* (Princeton, N. J.: Princeton University Press, 1987).

4) 1차 세계대전 중의 교황이었던 베네딕토 15세는 전쟁을 비난하며 평화를 호소하였다. 그의 발언 일부는 다음 책에 정리되어 있다. Harry W. Flannery, ed., *Pattern for Peace* (Newman Press, 1962), pp. 9ff. 이러한 교황의 발언은 독일 및 프랑스 로마 가톨릭 교회에 아무 영향을 미치지 못했으며, 양국의 추기경들은 이번 전쟁은 정당하다고 규정하였다. 따라서 파리 가톨릭대학교(Institut Catholique)의 총장이 책임편집을 맡아 출간된 선전물 「독일 전쟁과 가톨릭」(*La Guerre Allemande et le Catholicisme*)에는 프랑스의 명분은 정당하다는 파리 대주교의 서문이 실렸다. 몇 달 후, 이에 대한 응답으로 독일 가톨릭 교회는 「독일 전쟁과 가톨릭: 프랑스의 공격에 대한 독일의 방어」(*Der Deutsche Krieg und der Katholizmus*; *Deutsche Abwehr franzoesische Angriffe*)를 출간하며 독일 추기경의 전보를 권두 삽화로 실었다. 여기서 종교적인 지역주의를 언급한 것은 개신교의 지역주의에 대한 도덕적 비난을 조금이나마 덜어주기 위한 것이 아니다. 그러나 최소한 개신교는 하나의 가시적 교회적 연합을 표방하지 않았으며 이로써 실제로 그런 주장을 부인한 셈이다.

5) 이러한 약점의 한 가지 예는 교황 비오 12세(Pius XII)에 대한 비난에서 분명히 살펴볼 수 있다. 일부는 그가 공개적으로 강력히 나치의 학살을 비난하지 않음으로써 자신의 사목적 지위를 충분히 활용하지 못했다고 평가한다.

그럼에도 불구하고

하지만 이런 모든 약점에도 불구하고 평화에 관한 가톨릭적 혹은 목회적 관심은 어떠한 형태의 종교적 지역주의보다 훨씬 더 도덕적으로 우월하며, 그에 대한 유일한 대안이다. 그런 지역주의를 통해 교회는 특정 국가를 도덕적으로 절대화하며 자신과 국가를 동일시한다. 그리하여 교회는 어떤 지역이나 국가가 온 세계를 저버리는 행위에 대한 판단의 여지조차 단념하게 된다. 따라서 종교적 지역주의는 앞서 언급한 모든 약점들을 가질 뿐만 아니라 온 세계를 향한 방향을 상실한다.

실제로 전쟁이 발발하는 곳곳마다 그곳에 있던 기존 공동체들은 무너져간다. 월남전을 지속하려는 미국의 의지는 나토NATO의 부분적 와해를 일으켰다. 미국은 쿠바와 도미니카 공화국을 비롯해 보다 근래에는 니카라과, 그레나다, 파나마까지 침공한 미군들을 위협에 빠지지 않게 지원하려고 미주기구OAS와 헤이그의 국제사법재판소ICJ가 가진 의사 결정권에 대해 미덥지 않은 태도를 보이기 시작했다. 이처럼 전쟁은 단지 어떤 특정한 적과 맞서는 것일 뿐만 아니라 넓게는 공동체의 구조를 파괴시킨다.

결국에는

군사적 폭력에 대한 확신에 가득 찬 지지자들조차도 여전히 자국 내에서는 이런 포괄적인 '가톨릭적' 태도를 지니고 있다. 펜타곤은 포토맥 강의 양쪽 모두를 비롯하여 각 주州의 모든 경계에 군을 허용하지 않는데, 이것이 50개 주 사이에 평화를 유지하는 유일한 방법이다. 국가 내의 여러 지방 사이에서 그러한 폭력의 포기는 심지어 군부에서도 마땅히 받아들인다. 그러므로 실제 쟁점은 주어진 영역 내에서 폭력을 포기하는 행위가 현명한 것인지 혹은 가능한지 묻는 것이 아니라 이 질문 속에 있는 영역이라는 것이 반드시 국가여야 하는지 아니면 그 영역이 더 넓은 세계의 일부가 될 수 있는지이다.

펜타곤은 애리조나와 캘리포니아, 남부와 동북부, 또는 캐나다 또는 멕시코와 미국 사이의 전쟁은 옳지 않다고 본다. 펜타곤은 그런 전쟁 자체를 애초에 준비하지 않았기 때문에 그런 일이 일어나지 않을 것이라 확신한다. 이처럼 내전이 옳지 않다는 공감 속에서 펜타곤과 평화주의자 사이의 유일한 차이라고는 공동체의 크기에 관한 것이다.

펜실베니아와 뉴저지 사이에 전쟁이 불가하고 평화가 가능하도록 만든 것은 어느 한 주가 상대방을 완전히 이겼기 때문이 아니다. 그런 식으로 유지되는 평화는 시간이 지남에 따라 더 큰 분열을 초래한다. 1990년 이후 우리는 정복으로 하나가 되었던 나라예로 유고슬라비아와 제국예로 소련이 와해되는 장면을 목격하였다. 미국을 이루는 주가 서로 영구적인 평화를 이룰 수 있었던 것은 그들이 가졌던 공통점을 서로 인정했기 때문이다. 그들은 합법적인 영토 경계보다 더 넓고 깊은 수준을 받아들였다.

그러나 그리스도인은 말 그대로 그들의 본향을 영토적 단위가 아니라 인류의 넓은 공통성으로 삼아야 한다. 그렇게만 된다면 전쟁 자체가 필요하지 않다는 전제 조건이 충족되는 것과 다름없다. 이렇게 되면 발생하는 모든 분쟁은 가정에서 나타나는 문제처럼 상호인정이라는 틀 안에서 해결되는 것이지, 종족 갈등이나 소외 계층에 대한 억압의 문제로 처리되지 않는다.

제2장

정직한 사례 연구를 통한 평화주의 : 정당한 전쟁 이론

끔찍하긴 해도 수십 년 전에는 전쟁이 국가 간의
지나친 긴장을 해소하는 수단이었다.
그러나 오늘날 전쟁이 통제될 수 없다는 사실은
그것이 티끌만큼도 쓸모없다는 점을 시사한다. … 전쟁은
너무 거대해져서 어떤 유익한 역할도 할 수 없게 되었다.
에밀 브루너, 「하나님의 명령」

윤리적인 결정을 내리려고 일부 전문적인 접근법에서는 소위 결의론이라고 불리는, 즉 일반적인 도덕적 성향을 구체으로 결정하는 방법을 이용한다. 전쟁의 문제와 관련하여 이런 입장을 정당화하려는그러나 전쟁의 결과까지 정당화하는 것은 아닌 오래된 전통이 있다. 이 전통은 완전히 잘못된 전쟁과 정당화할 수 있을 법한 전쟁을 구분하려고 가능한 모든 전쟁의 사례들을 꼼꼼히 들여다본다.

이런 견해는 모든 전쟁이 항상 옳다는 주장이 아니다. 그런 주장은 현재의 정부가 하고 싶어 하는 일이 무엇이건 간에 도덕적으로 신뢰할 만하다고 여긴다. 또한 이런 견해는 교회가 국가에게 교회의 신학적 고민을 도우라며 성전聖戰이나 십자군과 같은 전쟁을 수행하라고 요청할 수 있

다고 생각하지 않는다. 솔직히 우리가 이런 사고방식을 따른다면 기껏해야 전쟁이 이따금은 정당화될 수도 있을 것이라는 정도로 말할 수 있다. 따라서 우리는 어떠한 경우에 전쟁이 정당화될 수 있는지 구체적인 경우를 꼼꼼히 따져보아야만 한다. 우리는 전쟁이 발발한 원인을 비롯하여 그것이 누구의 권위 아래서 일어나는지, 또 어떤 방법이 사용되었는지 조사해야 한다.

공리

소위 정당한 전쟁 평화주의just-war pacifism의 기저에는 모든 윤리적 판단은 구체적이어야 한다는 공리가 있다. 그것은 바로 전쟁을 선호하는 정부의 판단이든 당면한 전쟁의 정확한 형식에 대한 판단에 앞선 절대 원칙의 평화주의든지 간에 미리 자신의 판단을 전부 내맡겨서는 안 된다는 것이다. 도덕적 온전함은 바로 일반적인 원리를 비판적이고 철저하게 당면한 일에 적용함으로써 내리는 판단의 문제이기 때문이다.

만일 객관적인 기준이 우선시되지 않는다면 도덕적인 책임이 있을 수 없다. 따라서 어떤 기준에 대한 공적인 설명이 우선되고 또 이를 적용하려는 수고가 크다고 해도 이런 사실이 어떤 상황 속에서 판단하는 사람의 자유를 희생시키는 것은 아니다. 오히려 이것만이 어떤 판단에 대한 강박에 시달리게 될 때도 불가피한 경우 '아니오'라고 대답할 수도 있는 우리의 자유를 지켜줄 수 있다.

여기서 정당한 전쟁 이론에 대해 전통적으로 정의된 기준이 무엇인지, 혹은 그런 이론이 어떻게 적용되는지에 대해 자세히 설명하지는 않을 것이다. 특정 전쟁이나 무기에 대한 이러한 도덕적 평가 과정이 정직하다면, 적어도 이따금은 부정적인 결론에 이를 수도 있다는 점을 깨닫는 것만으로도 목적은 충분히 달성한 것이기 때문이다. 정당한 전쟁 이론을 따르는 사람들은 현 정부가 수행하고 있거나 장차 하려는 전쟁에 대해 정직한 평가를 할 것이다. 그렇게 한다면 그들은 경우에 따라 전쟁에 반대할 수밖에 없을 수도 있다. 이는 일반적인 평화주의에 대해서가 아니다. 모든 살인에 대해 늘 반대하는 사람이 볼 때에도 그 전쟁이 받아들일 수 있는 정치적 과업이 아니기 때문이다.6)

지난 40여 년간, 더욱 두드러지게는 30여 년간 나타난 새로운 사실은 그러한 기준을 정직하게 적용시킨 사람들이 부정적인 결론에 도달하게 되었다는 것이다. 이러한 사실은 2차 세계대전 중의 대량 폭격과 1945년 이후 핵전쟁의 위협과7) 월남전 이후 지속되는 대반란 작전의 살인적 의미에 대한 그들의 판단에서 볼 수 있다. 여기에 페르시아만의 걸프전 때 사용된 규제 받지 않은 최첨단의 무기들의 불균형한 파괴에서 얻은 깨달음이 추가될 수 있을 것이다. 우리는 전쟁의 원인을 비롯하여 그것이 누

---

6) 나는 다른 책에서 이 입장에 대해 간략히 설명하였다. *When War Is Unjust* (Minneapolis: Augsburg Press, 1984). 일찍이 랄프 포터(Ralph Potter)는 정당한 전쟁 사상에 대한 일반적인 개론을 썼다. *War and Moral Discourse* (Atlanta: John Knox Press, 1969). 오늘날 이 주제에 대해 폴 램지(Paul Ramsey)와 제임스 존슨(James T. Johnson)이 여러 저서를 통해 풍성히 다루고 있다.

7) 1945년 이후 원리상으로 핵전쟁의 본질이 드러났다. 그러나 기독교 주요 윤리학자들이 정당한 전쟁 이론에서 그것이 무엇을 말하는지 자세히 들여다보기 시작한 것은 1950년 중반이다. 다음을 참고하라. Thomas Talyor and Robert S. Bilheimer, *Christians and the Prevention of War in an Atomic Age: A Theological Discussion* (London: SCM Press, 1961). 이 책은 1957년 마친 에큐메니컬 논의를 전하고 있다. 거의 동시에 개신교에서 폴 램지, 가톨릭에서 존 코트니 머리(John Courtney Murra, S. J.), 독일의 교회 형제단(Kirchliche Bruderschaften)은 이와 유사한 입장을 취했다.

구의 권위 아래서 일어나는지 살펴볼 수 있다. 결과적으로 우리는 오늘날 전쟁이 제국주의적이거나 침략적이라는 사실을, 혹은 독재 정권을 영구화시키는 결과를 가져올 수 있음을 알 수 있다.

현대 전쟁의 특성들은 점점 더 많은 사람들로 하여금 그것을 용인하지 못하게 만드는 부정적인 결론에 이르게 만든다. 이는 전쟁의 방법을 살펴보면 알 수 있다. 이런 특성들 가운데는 핵무기의 파괴성과 통제 불가능성, 게릴라와 대게릴라 작전, 네이팜탄과 구아바탄 같은 끔찍한 고통을 주는 무기들, 생물학전, 융단 폭격, 무엇보다 민간인들의 피해를 유발하는 공격들이 있다.

이 입장 배후에 놓인 근본 원리에는 새로울 것이 하나도 없다. 십자군 이후로 정당한 전쟁 신조는 소수의 작은 '평화 교회'들과 몇몇의 예언자들을 제외한 모든 서구 그리스도인 공동체의 공식적 입장이었다. 즉 그 관점의 기준들이 적용되어야 할 전쟁의 본질이 근래에 변화되었다는 사실이 예전과 다른 전부이다.

이번 장 서두에 인용한 에밀 브루너의 말은 주류 기독교에 속한 이 입장의 초창기의 설명이다. 브루너는 1932년 처음 그 글을 썼다 8) 브루너는 이러한 추론에서 그가 비결의론적 입장에 대조하여 '진정한 평화주의'라고 부르는 것, 즉 정당한 전쟁 기준에 근거하여 전쟁에 관한 일종의 양심적 거부에 대한 정당한 이유를 도출하였다. 그를 이어 칼 바르트와 폴 램지Paul Ramsey를 비롯하여 더 최근에는 다수의 로마 가톨릭과9) 루터교 신학자들

---

8) 여기서 나는 1947년 판, 『하나님의 명령』(The Divine Imperative, 1936년)에서 이를 인용하였다. pp. 469-474.

9) 이 부분에서 로마 가톨릭 교회의 책임감은 1983년 사목교서 「평화의 도전」(The Chal-

이 이런 입장을 따른다.

약점

이 입장은 많은 논리적, 신학적, 실제적 약점을 가진다. 이런 입장을 가진 이들은 원인과 방법에 있어 세심히 선과 악을 판별하려고 하지만, 실제로 그런 작업을 위한 분명한 척도를 가지고 있지 않다. 특히 서로 다른 선의 가치를 비교할 척도가 없다. 자유는 얼마만큼의 시민이 목숨을 걸 가치가 있는가? 군사적인 공격의 목적은 무엇인가? 합법적 정부란 무엇인가? 이 입장이 가진 논리와 신학은 이러한 모든 질문에 대해 꼭 맞는 대답을 할 수 있다고 여긴다. 그러나 실상은 전혀 그렇지 않다.

두 번째 어려움은 많은 경우에 있어서 그런 신조는 사람들로 하여금 이를 세심히 적용하려 애쓰지 않게 만든다는 사실에 있다. 사람들은 정당한 전쟁 신조가 존재한다는 사실 자체로 대체로 전쟁이 정당화될 수 있다고 생각한다.[10] 하지만, 그것이 실제로 말하는 바는 전쟁이 결코 일반적으로 정당화될 수 없다는 사실이다. 장차 정당화될 수 있을 법한 전쟁을 대비해 군비를 축적하는 것은 다른 경우에 있어 무기 사용을 통제하려는 기구나 기술을 고안하는 행위와 이율배반적이다.

따라서 이러한 신조는 실제로 하나의 의문에 가까운 것이지만 오히려

---

lenge of Peace)을 통해 당시 미국의 핵정책이 도덕적으로 용납될 수 없다고 선포했을 때 절정에 달했다. 이 일은 이 책 1장과 2장에서 따로 설명된 두 입장이 결합된 것으로 여겨질 수 있다.

10) 여기서 내가 신조(doctrine)라고 한 것은 이것이 습관적인 것이기 때문이다. 물론 전통 (tradition)이라는 말이 더 정확할지 모르나 신조라는 말은 실제보다 더 단순하고 이견이 없어 보이는 것을 지칭한다.

그것이 증명으로 취급되는 경향이 있다. 그리하여 주류 교단에 속한 엄청나게 많은 그리스도인들은 그런 입장을 가진 신학자들이 선한 양심을 가지고 전쟁을 대비하고 수행하려는 근거를 제공한다고 여긴다. 그러나 전혀 그렇지 않다. 그들은 이렇듯 전쟁을 선택적으로 반대하는 일이 근래에 급증하여 이것이 혁명적이라고 여긴다. 하지만, 실제로는 전통적 신념의 복구에 불과하다.[11]

특히 그리스도인의 관점에서 더 심각한 약점은 정당한 전쟁 신조를 지지하는 자들이 전쟁에 대한 그리스도인의 판단이 의로운 경찰이 되는 것과 마찬가지라고 여긴다는 점이다. 그들은 이 '정당한 권위'를 가진 자가 그의 뜻에 따라 결정할 능력이 있다고 생각한다. 그렇기 때문에 그들이 고민하는 바는 이 모든 힘을 사용할 때가 언제인지, 어느 정도의 힘을 사용하는 것이 적절한지가 전부이다. 따라서 이 신조의 전체 구조는 신약성경이 증거하는 십자가를 회피하고 있다. 십자가는 주어진 상황 가운데 진리를 따르는 자들이나 의로운 자들의 운명이 단지 십자가 처형이나 패배, 무력함에 이를 수 있다는 것을 심각히 보여주기 때문이다.

이제는 일종의 논리적 문제인 정당한 전쟁 입장이 가진 내적 한계를 살펴보고자 한다. 비평화주의자의 관점에서 볼 때, 정당한 전쟁 평화주의나 선택적 평화주의는 정치와 종교의 영역을 불합리하게 뒤섞었다는 비난을 받을 수 있다. 특히 이 입장에 호소하여 징집에 응하지 않는 양심적 병역 거부자들을 변론할 때 그렇다.

---

11) 잘 알려지지 않은 마땅한 예로는 칼 바르트의 평화주의자와 유사한 입장에 대한 오해가 있다. 나의 다른 저서를 보라. *Karl Barth and the Problem of War* (Nashville: Abingdon Press, 1970), pp. 73, 103-105.

부당한 전쟁 거부자unjust-war objector들이 당면한 전쟁이 틀렸다고 판단하려는 척도는 정치적 판단의 척도와 동일하다.12) 이는 곧 정부의 합법성, 이유의 타당성, 정책 수단의 타당성이다. 하지만, 양심적 병역 거부자들을 탐탁하지 않게 보는 자들은 이들이 정치적 반대를 미화하려고 종교적 제재를 이용하고 있다고 여긴다.13) 그들은 병역 거부자들이 단지 합법적 정책 수단에 대한 다른 정치적 관점을 가지고 있다고 여기며, 나아가 이들이 합법적 정부의 정책 결정을 지지하지 않으려고 절대적 도덕적 의무를 내세우며 공동체의 건강을 해치고 있다고 생각한다.

그럼에도 불구하고

이 입장은 전쟁을 모두 거부하지는 않는 사람들이 취할 수 있는 다른 어떤 대안들보다 훨씬 정직하다. 이것은 전쟁을 신성화하는 십자군을 부

---

12) 부당한 전쟁 거부자(unjust-war objector)라는 말은 세련되지 못하긴 해도 가장 정확한 표현이지 싶다. 내가 『전쟁이 부당할 때』(*When War Is Unjust*) 7쪽 이하에서 언급한 바와 같이 이 용어는 찰스 루츠(Charles Lutz)가 제안하였다. 또한 다음을 보라. Lutz, "Objection to Participation in Combat: Legality and Morality," in Paul Peachey (ed.), *Peace, Politics, and the People of God* (Philadelphia: Fortress Press, 1986), pp. 151–162.
더 최근의 용어인 선택적 전쟁 거부자(selective objector)는 1960년대 후반에 이르러서야 처음 등장했다. 그것은 한 사람의 입장이 가진 핵심보다는 양심적 병역 거부의 종류를 구분하려는 데 초점을 둔다. 이 선택은 변덕스럽거나 무책임하지 않다. 오히려 선택적 전쟁 거부자들은 소임을 다하고자 한다. 이 용어가 주장하는 논리와 신뢰성은 1968년 미국에 있는 가톨릭과 루터교회를 비롯, 세계교회협의회(WCC)에서 공식 인정되었다. 참고. James Finn, *A Conflict of Loyalties: The Case for Selective Objection* (New York: Pegasus, 1969). 이를 합법적 병역 거부(legal conscientious objection)라고 부르기도 할 것이다.
13) 나는 특정한 성을 지칭하지 않으려고 양심적 병역 거부자라는 용어를 쓰고 있다. 남녀모두 예배와 가르치는 활동으로, 또 전쟁에 대한 불참과 공적인 선언으로, 또 국방에 지출되는 만큼의 세금을 지불하지 않거나 하는 행위들로 양심적으로 전쟁에 반대할 수 있다. 그러나 여태까지 미국과 캐나다의 모든 징집병들은 남자였다.

정하며, 국가를 그 어떤 판단 기준에도 귀속되지 않는 자율적 가치로 여기는 파시즘을 타도한다. 특정 조건 아래 전쟁에 찬성하는 것은 아무런 제한도 없이 전쟁에 찬성하는 것보다 도덕적으로 책임 있는 행위이다. 그런 사람이 현대에 벌어지는 전쟁에 신중한 잣대를 대어 본다면 실제로 부정적인 결론에 닿을 수 있을 것이다. 이는 지킬 수 없는 한계를 말하는 것보다 더 정직한 행위이다.[14)

정당한 전쟁론은 도덕적 판단의 기준이 국가보다 앞선다고 본다. 이 이론은 국가 기관이 사람들을 십자군에 입대시키려고 사용되는 것이 아니라 단지 적당하고 한정된 가치를 위해서만 존재해야 한다고 인정한다. 꺼릴 것 없는 독재 정권을 제외하고 질서 정연한 사회에서는 정당한 전쟁 전통의 언어는 평화에 대한 기독교적 관심을 그리스도인뿐만 아니라 정직한 정치인임을 표방하는 다른 이들과 소통할 수 있는 가장 적절한 방법 중 하나이다.

역사적 평화교회들 바깥에서 정당한 전쟁 전통의 언어는 가장 적절한 소통의 도구이다. 그것은 최소한 이론상으로 주요 기독교 교파에서 견지

---

14) 나의 다른 글을 참고하라. "The Credibility of Ecclesiastical Teaching on the Morality of War," in Leroy S. Rouner (ed.), *Celebrating Peace* (Notre Dame: University of Notre Dame Press, 1990), pp. 33-51. 정당한 전쟁 전통을 추상적으로 긍정하는 것과 이를 실제 경우에 책임 있게 적용하는 것 사이에는 엄청난 차이가 있다. 일단 표면적으로 오늘날 군사적 선택을 구체적으로 살펴보고 정당한 전쟁론의 타당성을 입증하려는 시도들이 있다. 하지만, 이런 시도는 결국 어떤 구체적 요소에 대해서도 아니라는 말을 하지 못한다. 실제로 대주민 작전, 핵 위협, 화생방 전투, 쿠데타를 부추기고 헌법 정부에 대한 '반군'을 지원하는 CIA, 월남의 교외 지역에 사는 전 주민에 대한 초토화 작전, 다른 어떤 대안보다 전쟁에 대한 선호, 과도한 파괴와 같은 일에 있어서 그러하다. 따라서 이보다 더 심각한 상황에서 그들이 아니라고 말할 수 있다고 생각하기 힘들다. 그래서 이는 그들 스스로의 신뢰성을 포기하는 일이나 마찬가지다. 참고로 부록 2에 나오는 "이빨 빠진" 정당한 전쟁 전통에 대해 살펴보라.

했던 역사적 입장이다. 이런 관점 안에서 이 태도가 가진 한계를 넘어서는 질문을 암암리에 해볼 수도 있다. 만일 당신이 모든 전쟁이 올바르지 않다고 생각한다면, 잘못된 전쟁이라고 규정할 수 있는 기준들은 무엇인가? 정부가 잘못된 전쟁을 계획할 때도 정부를 따르기 위해 이런 견해에서 어떤 준비를 갖추어야 하는가? 그런 준비는 당신이 속한 사회가 올바른 일을 하려고 수립한 계획과 노력에 대한 투자에 필적할 만한가?[15)]

정당한 전쟁 전통의 언어를 통해 전쟁에 반대하는 것은 산상수훈 말씀을 세상에 강요하는 행위가 아니다. 부당한 전쟁 거부자들은 국가에서 이미 타당하다고 인정된 기준과 언어를 사용하기 때문에 무책임하다고 무

---

15) 제임스 더글라스(James Douglass)는 『비폭력 십자가』의 "정당한 전쟁론 해부"라는 장에서 폴 램지에 이견을 달며 전통적인 정당한 전쟁론의 기준이 있는 그대로 적용된다면 현대의 모든 전쟁과 그에 대한 대비조차도 비난받아야 마땅함을 인정해야 한다고 보았다[The Non-Violent Cross (New York: Macmillan, 1968), pp. 155ff]. 이에 램지는 『정당한 전쟁』의 "평화주의자가 정당한 전쟁을 말할 수 있는가?"라는 장에서 더글라스가 일관적이라면 그런 문제로 골치를 앓지 않을 것이라고 답하였다[The Just War (New York: Scribners, 1968), pp. 259 ff].
여기서 우리가 당혹스러운 점은 이 논쟁의 타이밍(램지는 더글라스의 주장이 출간되기도 전에 답변하였다) 뿐만 아니라 논쟁의 요지 때문이기도 하다. 더글라스는 정당한 전쟁론의 객관성에 대한 존중을 그것이 가진 정직성에 대한 의심, 또 타락한 세상에서 그냥저냥한 상대적 정의에 대한 양면 가치와 이리저리 뒤섞었다. 그가 이 신조를 유익한 것으로 여겼는지 아니면 장애물로 여겼는지는 여전히 분명치 않다.
이에 대한 답변에서 램지는 평화주의자가 정당한 전쟁론을 바르게 받아들일 수 없다고 인신공격적인 주장을 함으로써 그것의 객관성에 대한 스스로의 주장을 약화시켰다. 그는 객관적인 정책 기준에 의거하여 특정 전쟁을 실제로 거부하는 것이 과연 현대에도 여전히 가능한지라는 적합한 질문에 대해 전혀 대답하지 않는다. 전쟁에 대한 그런 거부가 가능하다는 램지의 기존 주장은 다음 저서들에 실려 있었다. War and the Christian Conscience (Durham, N.C.: Duke University Press, 1961), pp. 151 f, 또한 "Again, The Justice of Deterrence," in The Just War (New York: Scribner's, 1968), pp. 314-366, 특히 p. 357.
이 질문에 답하는 대신 램지는 전쟁 억제 혹은 선택적 전쟁 거부자에 대한 법률상의 규정이 상책이라는 개념에 관한 그의 생각이 어떻게 변했는지, 아니면 변하지 않았는지를 논하며 매우 교묘하게 빠져나간다. 그는 이런 식으로 그런 질문에 대해 신중한 고민보다는 전쟁을 부정하다고 선언하려는 부정적인 사례에 적용된 동일한 잣대를 가다듬고 체계적으로 표현하는 데로 시선을 돌렸는데, 일부 그의 독자들 역시 마찬가지였다.

시당하지 않는다.

게다가 결의론의 경계에 놓인 이 평화주의는 한 개인으로 하여금 한층 더 일관된 평화주의로 나아가게 하는 논리적인 첫 단계이다. 먼저 누군가 '아니다'라고 단호하게 거부할 수 있다는 생각을 관습화시킴으로써 정부의 주장에 비판적인 도덕적 잣대를 들이댈 수 있게 될 것이다. 그때 비로소 한 개인은 더 근본적인 도덕적 독립성을 인식할 수 있다.[16]

결국에는

당면한 전쟁에 있어 정당한 전쟁의 한계를 넘어가는 이들은 여전히 그들의 적에 대해 정당한 전쟁 결의론자들이다. 그들은 상대방의 '공격'을 비난해서 자신들의 개입을 정당화한다. 전쟁에서 이긴 후에는 법적 절차에 따라 상대 지도자들뉘른베르크, 오라두, 아이히만을 비난한다. 이는 패배한 적들이 속했던 정부의 명을 그들이 거부하지 않았기 때문이다. 그들은 적군의 정권에 대항하는 합법 정권이라 표방하는 망명 정부를 만들거나 유지하며, 적군이 저질렀던 '잔학 행위'를 널리 알린다. 정당한 전쟁 논리의 모든 기준은 그러한 선전에 내포되어 있다. 이처럼 우리의 폭력에 부과된 정당한 전쟁 사상의 규제들을 받아들이지 않는 한, 우리는 우리가 적에게 부과한 동일한 규제들을 암묵적으로 파기하는 꼴이 된다.

---

16) 이런 종류의 운동에 대한 생생한 예는 앤드류 굿(Andrew J. Good, Jr.)의 논문을 보라. "A Reluctant Pacifist," in *Concern* (United Methodist Board of Social Concerns, Washington, January 1, 1968). 굿은 예수에게 솔직하고자 하며 아니라는 단호한 대답의 가능성을 지키고자 한다. 그는 어떤 교파에 대한 편파성이 없는 솔직한 자로, 지금 당장 아니라고 거부하며 이 운동을 시작해야 한다는 결론에 도달하였다.

막간 논의
예외 상황에 관하여

논리적으로 엄격히 따지자면 이 정당한 전쟁의 유형은 바로 평화주의
의 변형 중에 한 종류로 분류될 수 있을 것이다. 평화주의에 있어서 다수
의 주요한 학자들은 평화주의라는 용어를 이런 유형에 사용하는 것이 적
절하다고 생각한다. 모든 전쟁을 거부하지만, 그렇다고 해서 임박한 상황
에서의 일종의 폭력적인 자기 방어나 무고한 제삼자의 폭력적 방어조차
거부하는 것은 아니다. 그들이 다방면으로 모든 전쟁을 거부하는 이유는
뒤에서 따로 다룰 것이다. 하지만, 그들이 폭력을 용인하는 이 뼈아픈 예
외 상황은 사실 정당한 전쟁론의 축소판이다.

이는 전쟁을 반대하는 입장에 쉽게 힘을 실어준다. 일상적인 논쟁에서
주전론자들이 가장 쉽게 내세우는 전형적인 질문은 다음과 같다. "당신
의 아내나 자녀를 위한 방어를 하지 않을 것인가?"[17] 이 유형의 평화주의
자들은 "아니다, 그러나 전쟁은 다른 소리이다"라고 대답하며 논쟁을 끊

---

17) 나는 다른 저서에서 이 질문을 매우 비중있게 다루었다. 『당신이라면?』*What Would You Do?* (대장간 역간, 2011).

을 것이다. 전쟁은 단지 규모에서 만이 아니라 자기 방어나 자경단의 비상 개입과도 다르다.[18] 자경단은 아내나 이웃이 아니라 범죄자를 물색한다. 전쟁을 수행하려면 관련 기관들을 발족하고 예산을 편성하며 전문가들을 소집하며 적대적인 문화가 생성되는 등의 사전 준비가 따른다. 전쟁은 한 국가의 주권의 영역을 초월한다. 전쟁은 침략자와는 아무 상관도 없는 유용한 문화적 가치를 파괴시킨다.예로, 1991년 1월 바그다드의 상하수도 설비의 훼손이 있다

일부 강성 평화주의자들은 폭력을 거부하는 이러한 예외 상황에 대한 여지를 남겨둔다. 마틴 루터 킹Martin Luther King, Jr.의 공공 사역에 있어 적어도 초창기는 바로 그런 경우였다. 토머스 머튼Thomas Merton의 입장도 그러했다. 비겁과 용기 사이의 선택이 쟁점이 되었을 때 간디Gandhi가 취한 입장도 마찬가지였다.[19]

약점

이 관점은 치명적인 예외 상황을 기꺼이 허용함으로써 지적인 엄밀함을 훼손하는 약점이 있다고 여겨진다. 포괄적인 도덕적 일반화 혹은 적을 사랑하는 영적 헌신에 기반을 두는 평화주의가 선으로 악을 갚지 않는다면, 그러한 치명적 예외 상황은 전체 주장을 약화시키는 듯이 보일 수 있

---

18) 참고. 『당신이라면?』.
19) 이 물음은 영국이 수행한 전쟁에 참여한 간디가 취한 입장과는 별개의 문제이다. 간디는 전투를 수행하지는 않았지만 영국군의 동기에 대해서는 도덕적으로 찬성하였으며 비무장 의무대에 자진 입대하여 복무하였다.

다.20) 평화주의가 가장 노골적으로 적용될 만한 상황에서 예외 상황을 만들어 규칙을 깨뜨린다고 해보자. 과연 그것이 규칙인가?

그럼에도 불구하고

거대한 조직적 현상으로서 전쟁과 개인의 자기 방어 사이의 질적 구분은 여전히 부정할 수 없다. 현실적으로 무고한 개인을 지키는데 전쟁이 필요하다는 사실은 정당화 될 수 없다. 적대적 공격으로 희생당한 자들이 과연 그 정도까지 무고한 개인들에게 위협적인 존재였다고 볼 수 있는 근거는 없다. 만일 모든 사람이 전쟁에 있어 개인적 방어 이상의 의미를 찾지 못한다면, 오늘날 나타나는 전쟁은 모두 철회되어야 한다. 윤리적 논쟁에서 무고한 사람들의 개인적 방어라는 주장이 빠져나갈 길을 열어두는 것은 현명한 방법일 수 있다. 그것은 유혈 사태에 대해 심히 우려하는 법정적 혹은 미신적인 개념을 바로 잡아준다.

또한 이런 관점을 선호하는 사람들은 그리스도인의 입장을 망설이고 주저하는 소극적인 성격으로 보는 시각을 교정해 준다고 주장한다.21) 적

---

20) 예로, Daniel Dombrowski, *Christian Pacifism* (Philadelphia: Temple University Press, 1991). 돔브로프스키는 토머스 아퀴나스(Thomas Aquinas) 같은 교부들의 글을 근거로 무고한 생명을 빼앗는 것을 금지한 사실에서 모든 근거를 세우려고 한다. 그렇지만 아퀴나스로 이를 일관적으로 끝까지 적용하는 데에는 무리가 있다. 철학적 근거 위에서 평화주의를 보다 더 세심히 다루는 연구로는 다음을 보라. Robert L. Holmes, *On War and Morality* (Princeton, N. J.: Princeton University Press, 1989).

21) 이와 관련하여 복음서에 나오는 예수의 '성전 청결' 사건은 매우 유익하다. 본문에 한정해 살펴보자면 예수는 폭력을 행사하지 않았다. 단지 가축들에게 채찍을 사용했을 뿐이다. 그리고 예수는 심각한 도덕적 무질서를 꾸짖은 데 대한 책임을 졌다. 장 라세르(Jean Lasserre)의 치밀한 연구를 참고하라. "A Tenacious Misinterpretation," in *Occasional Papers of the Council of Mennonite Seminaries and the Institute of Mennonite Studies,* no. 1 (Elkhart, Ind.: Associated Mennonite Biblical Seminaries, 1981), pp. 35–49.

극적인 자기 주장이 악이라는 개념을 가지는 그런 관점은 폭력을 피하고자 하는 이들에게서 발견되곤 한다. 또한 그런 주장은 다른 이들이 그릇되게 그들을 판단한 데서 비롯하기도 한다. 나는 공격 받은 무고한 희생자들을 옹호할 것이다.[22] 하지만, 나는 가해자 살해를 정당화하려는 의도는 받아들일 수 없다.

끝으로 희생자 개인의 폭력적 방어가 합당하다고 본 위에서 언급한 세 명의 주요한 인물들 가운데, 이론에 있어서는 누구도 실제로 구체적인 상황에서 그러한 행동을 하거나 그런 행위를 지지했던 기록을 찾아볼 수 없다는 사실을 주목해야 한다. 이는 지적인 논쟁에만 너무 엄격하지 않도록 보이려는 그런 묵인이 대표성을 띠지는 않았다는 점을 보여준다. 이러한 사실은 그들이 자신들의 비폭력성을 어떻게 일관된 세계관으로 뒷받침하였는지 살펴보게 되면 더 분명해진다.[23]

---

22) 다음을 보라. 『당신이라면?』 (각주 17을 보라).
23) 참고. 본서 18장 B.

제3장

절대적 원칙의 평화주의

하나님께서 살인을 금지하신 것은 공공의 법에 저촉되지 않는
약탈을 금하신 것만이 아니라 사람들 사이에서 합법적일 수 있는
약탈조차도 하지 말라는 경고이다. 따라서 정의로운 한 사람이
군인으로 복무하는 것은 합법적일 수 없으며 …
누군가를 사형죄로 기소하는 것도 마찬가지이다.
칼로 사람을 죽이는 것이나 말로 사람을 죽이는 것이나
피장파장이기 때문이다. 이는 살인 자체가 금지되기 때문이다.
비두니아의 락탄티우스 (320년경)

하나님을 믿는 믿음에 수반되는 것을 살펴보자.

- 만일 하나님이 있다면 '하나님' 이라는 명칭이 단지 우리의 최상의 관념을 지칭하는

  것이 아닌 … 그리고

- 만일 하나님이 그 자신과 자기의 뜻을 드러낸다면 단지 우리의 진정한 판단

  에 고무도장을 찍는 것이 아니라 … 그리고

- 만일 우리가 이끌리고 구원받는데 그런 계시가 정말로 필요하다면 전통

  신학이 '타락' 이라고 부르는 도움받지 못한 인간의 상태의 특징이 되는 무지와 왜곡된

  의지와 더불어 …

- 그렇다면 하나님의 드러난 뜻은 같은 주제에 관한 인간의 생각과 최소

한 어느 정도는 형식과 내용에 있어 다를 것이라는 사실이 논리적으로 불가피하다. 따라서 인간이 가진 양식의 적용 가능성과 옳고 그름을 가늠할 권리에 대한 한계를 설정해야 마땅하다. 우리는 계시의 권위 위에 그저 하나님의 뜻이 놓일 장소가 있을 거라고 기대해야 한다.

전통 신학은 오랫동안 성경에서 그런 **계시된 원칙**을 찾아왔다. 다른 도덕 전승에서는 선지자와 예언자들의 말에서 그것들을 찾았다. 현대 사조에 있어 특히 1990년대 서양의 지성인들 사이에서 윤리적 지식의 기원과 내용에 대한 이런 이해 방식은 퇴색되었다. 하지만, 여전히 위에서 언급한 논리를 좋아하는 사람들이 있고, 이는 존중할 만한 소수의 입장으로 잔재해 있다. 신학적 유행의 변화는 이런 논리를 뒷방으로 밀어내려고 했지만 결코 그랬던 적이 없다.

그러므로 만일 그런 원칙 같은 것들이 있다면, 그것이 십계명이나 어떤 다른 형식의 본문에 있든지 간에 거기에는 인명의 존엄성이 포함될 것이다.24) 그런 입장은 청교도적이고 법정적인 방식으로 받아들여질 수 있겠지만 굳이 그럴 필요는 없다. 그런 입장은 세상 속에서 교회의 위치에 대

---

24) 윤리적 사고의 구조에서 기술된 원칙의 역할에 대한 이러한 언급은 십계명과 같은 특정한 규정의 언어학적 해석과 연관되어 있지 않다. 출애굽기 20:13이나 신명기 5:17에 나오는 살인 금지가 처음 기록되었을 때는 문자 그대로 목숨을 빼앗는 모든 행위를 금지하는 것이 아니었다. 이는 히브리 단어의 의미나 모세의 율법을 살펴보더라도 그렇다. 그러나 장 라세르는 십계명에서 일반적인 도덕 지침을 끌어내려는 교회의 역량이 그 의미에 대한 법적, 축자적, 축소적 해석 때문에 제한되었다고 설명한다(*War and the Gospel*, Herald Press, 1962, pp. 165ff., 특히 170f). 탐욕, 거짓 증언, 간통, 우상 숭배 역시 교리 교육에 있어 축소적인 고대 히브리적 의미를 가질 수 있겠지만 실은 그렇지 않다. 그러므로 생명의 존엄성에 대한 평화주의자의 윤리신학적 주장이 모세 언약에 언어적으로 소박하게 호소한다거나 원칙과 같은 특정 단어에 호소한다고 생각하게 해서는 안 된다.

한 교파적인 이해에 있어서야 자연스럽겠지만 굳이 그런 맥락에 제한될 필요는 없다. 그런 입장은 하나님이 어떻게 이스라엘 민족에게 십계명을 주었는지에 대한 소박한 전제의 표현일 수 있지만 굳이 그럴 필요는 없다.

요하네스 우데Johannes Ude는 최근 이런 견해를 정언적으로 표현한 오스트리아 로마 가톨릭 신학자이다.25) 우데에 따르면 "살인하지 말지니라"라는 어떤 예외도 허용하지 않는 절대적 명령이다. 이는 폭력의 여지를 남겨두는 구약 성경의 다른 여러 정치적 관습과 규정보다 더 높은 차원의 권위를 가진다.

그러나 우데보다 훨씬 더 이전, 15세기 체코의 종교개혁에서 신약 성경의 맥락에서 법 개념이 특별한 중심적 위치를 차지하였다.26) 산상수훈에서 "내가 율법이나 선지자를 폐하러 온 줄로 생각하지 말라"는 구절 이후로 예수는 "… 하였다는 것을 너희가 들었으나 나는 너희에게 이르노니 …"라고 말한다. 체코 형제단은 이 지침을 '소계율'the minor precepts이라27) 칭하고 예수를 주로 삼아 순종하기 시작했다. 그 여섯 계율 가운데 세 가지는 전쟁과 관련이 있다.28)

그 이후 특히 루터 교도와 실존주의자들은 법의 도덕성이라는 개념

---

25) Johannes Ude, *Du Sollst Nicht Töten* (Dornbirn, Austria: Hugo Mayer Verlag, 1948).

26) 조프리 너톨(Geoffrey Nuttall)의 저서 『역사상의 기독교 평화주의』에서 '그리스도의 법'이라는 장에서 이 주제가 특별히 부각되었다. *Christian Pacifism in History* (Oxford: Blackwell, 1958; reprinted, Berkeley: World Without War Council, 1971), pp. 15-31.

27) 이는 십계명과 '가장 큰 두 계명'(하나님과 이웃에 대한 사랑)과 구분하기 위함이다.

28) 살인하지 말라는 노하거나 비난하지 말라는 것으로 확대된다. 앙갚음을 제한한 눈은 눈으로의 법칙은 저항하지 말라는 것으로 대체된다. 이웃을 사랑하라는 것은 원수를 사랑하라는 것으로 확대된다.

을 비우호적으로 보았다. 하지만, 15세기에는 그것이 도덕적 갱신에 있어 중요한 영향력을 행사하였다. 이는 19세기에 이르러 미국에서 애딘 벌루Adin Ballou와 윌리엄 개리슨William Garrison을 비롯해 러시아의 톨스토이 Tolstoy 덕분에 재조명되었다.

공리

이 입장에는 인간인 우리가 스스로를 구원할 수 없다는 믿음이 깔려 있다. 우리는 의미가 있는 일반적 지시에 의해, 우리 자신을 초월한 데에서, 우리보다 우월한 권위를 가진 자에게로 인도되어야 한다. 계시는 이를 가리키는 종교적 라벨이다. 마찬가지로 무신론적 도덕 의지는 이성이나 인간 존엄성, 민족의 경험에서 비롯된 것으로 받아들여지게 될 비슷하게 구성된 일반화에 기대게 될 것이다.

약점

그러나 절대적 원칙의 평화주의는 이를 법정적으로 독선적이거나 자기 기만적 방식으로 적용하는 단순한 사람들 때문에 쉽게 풍자될 수 있다. 자유분방한 사람들은 그들 밖에 있는 권위들에 대해 자신들이 비이성적으로 개입되어 있다는 사실을 모르기 때문에 '절대적인 것들'absolutes을 부풀리고 조소한다.29) 하지만, 이것은 중대한 약점은 아니다. 이 정도의

---

29) 여기서 내가 현재 일반적인 용어라고 보는 절대(absolute)라는 용어는 오해의 여지가 있다. 일반적인 의미에서 누군가 모든 규칙에 대한 예외 상황들을 선험적으로 내다볼 수 없다는 뜻으로 사용할 수 있다. 그런 의미에는 이는 우데와 같은 입장을 특징짓는다. 하지만, 그것이 딜레마가 있을 수 있다는 사실을 부정하거나 온전히 만족할 만한 선택이 항상 가능하다는 약속을 뜻하는 용어로 사용된다면 기만이 될 것이다. 1970년대 당연시

결점은 모든 입장에서 찾을 수 있다. 이런 결점들은 다른 윤리적 자세보다는 여러 복합적인 부분에서 비롯된 열매라고 볼 수 있다. 이것들은 공동체 전체나 공사다망한 사람들이 취하는 윤리적 자세에 불가피한 것이다.

더 심각한 약점은 논리적 측면에 있다. 가장 정언적인 명령은 여전히 인간의 언어로 소통되며 인간의 기록으로 남겨진다. 그러한 기록이 인간의 마음이든지 구약 성경이든지 간에 구두 명령이 가진 의미는 애매하여 두 가지 이상의 해석의 여지를 가진다. 사람들이 의사를 주고받을 때, 그것이 하나님의 이름으로 행해진다고 할지라도 그 메시지는 의미의 미묘한 차이들을 양산한다. 많은 이들이 그런 뉘앙스를 존중하지 못하는 것은 그들이 한정된 몇 가지 절대 원칙에 대해서만 생각하는 습관이 들었기 때문이다. 십계명의 경우가 좋은 예가 되는데, "살인하지 말지니라" 보다는 "살인을 저지르지 말지니라"가 가장 정확한 번역일 것이다.[30]

이 입장이 가진 두 번째 난점은 같은 상황 속에서 두 가지 이상의 절대 원칙들이 충돌하는 문제이다. 절대 원칙들이 충돌하는 상황은 쉽게 상상하거나 역사에서 찾아볼 수 있다. 이는 거짓말을 하지 않는 것과 살인하지 않는 것 중에 반드시 하나를 선택해야 하는 경우이다. 또는 한 사람을 죽이지 않는 것과 다른 사람의 방어를 하지 않는 것 사이의 선택의 기로에 놓이는 경우도 있다. 여기서 절대적 원칙의 개념은 충분하지 않다.

또 다른 약점은 그런 절대 원칙이 거의 반드시 가지고 있는 부정적인

여겨졌던 상황 윤리라는 용어는 더 이상 친숙하지 않다. 이 책 17장의 H 부분에서 더 자세히 다루고 있다.
30) 산상수훈에서 강화된 설명에 공식적인 법적 의미를 부여하는 것은 훨씬 힘든 일이다.

형식이다. 그런 규율들을 존중하려는 노력은 이웃에 대한 사랑의 표현이기 보다는 도덕적 순결 자체를 추구하는 것으로 변질되기 십상이다. 목숨을 빼앗지 않는 것에 대해서는 조심스러우면서도 동일한 생명에 대한 진정어린 존중에서 나오는 긍정적인 도의가 결핍되는 것은 가능하다.

그럼에도 불구하고

중대한 윤리적 의사 결정 과정에 있어서 원칙화된 의무는 이것이 가진 실제적이고 철학적인 결점이 무엇이건 간에 우리가 가진 가장 명료한 언어이다. 그것은 상대방으로 하여금 규칙을 그때그때 바꾸지 못하도록 하는데, 그런 사회적인 환경에서 이는 가장 신뢰할 만하다. 어떻게든 규칙과 유사한 역할을 하는 것에 관한 확실하게 공유된 이해 없이도 도덕적 대화 공동체를 이룰 수 있다고 주장하는 사람들에게는 여전히 그 주장에 대한 입증 책임이 있다.

상황 윤리학자들은 주어진 상황 속에서 개인의 의사 결정에 대해 말한다. 그들은 융통성과 자애로운 동기의 중요성, 각각의 선택이 가진 독특성에 대한 유익한 말을 많이 한다. 하지만, 그들이 이런 말을 하는 대상은 이미 타인을 불편하게 하지 않는 선이 어느 정도인지 알고 있는 사람들이다. 따라서 그들은 그 선을 넘지 않는 한에서 융통성을 발휘할 수 있다. 상황 윤리학자들은 윤리적 결정이 어떻게 원칙에 호소하지 않으면서 공동체의 관심 대상이 될 수 있는지에 대해 설명하지 않는다.[31] 어떤 결정에

---

31) 에큐메니칼 운동가 조셉 올드햄(J. H. Oldham)은 독일이 영국 중부의 코벤트리(Coventry)를 공습한 것을 시민에 대한 무차별적 폭력이라며 강력히 반대하였다. 하지만, 그는 정당화할 수 있는 무기와 그렇지 않은 것 사이의 경계가 애매하다는 사실을 터놓고 인

대한 비판하거나 정당화하려고, 미성숙함을 성장시키려고, 여러 종류의 사랑의 각기 다른 요구로 생긴 충돌을 중재하려고, 각 사람으로 하여금 더 장기적이고 가치 있는 이웃 사랑을 위해 그들이 가진 성급하고 저급한 사랑을 감독하도록 격려하기 위해서는 어떤 기준들이 필요하다.

결국에는

전쟁을 수행하기로 결정하는 모든 것이 이처럼 개인을 초월한 원칙에 호소하고 있다. 그리고 전쟁을 지지하는 이런 원칙은 전쟁을 반대하는 원칙에 비해 대체로 융통성이 떨어지며 비인간적이고 도덕성 역시 떨어진다. 우리는 구체적인 분쟁 상황에서 절대적 원칙의 평화주의와 여타의 절대 원칙들을 동등하게 단순화하여 직설적으로 비교해보아야 한다.

전쟁을 정당화하는 절대 원칙들에는 용기, 동료애, 자유, 특정 정부에 대한 선호 유형, 역사의 방향, 영토 보전 등이 있다. 이것들이 살인에 대한 동기가 될 때 그 모두가 절대 원칙으로 정당한 것이 되고 그런 태도는 너무도 비인간적으로 표현된다. 그런 원칙들은 곤경에 처한 실존적 상황을 잠시도 견디지 못하는 자들 및 단순한 자들에게 법정적이고 자기 정당화식으로 적용되어 평화주의자의 절대 원칙보다 더 저급해진다.

정한다. "나는 그 경계를 긋기 어렵다는 데에 동의한다. 어딘가에 경계가 있는 것은 분명하다. 사람이 '내가 여기 절대 앞에 서 있는데, 이는 무조건적으로 금지된 것이다'고 말할 수 있는 곳이 없다면 기독교는 아무 의미가 없다"(*Christian News Letter*, no. 48, Semtember 25, 1940). "어딘가에 경계가 있어야 한다"는 공리에 이의를 제기하는 방식은 다양하다. 그럼에도 불구하고 이론상으로 그 공리는 도덕적 의사소통에 있어서 여전히 구조적으로 필수 불가결한 것으로 보인다. 이런 필수 불가결성은 단지 그런 경계가 다른 곳에 그어질 수 있다거나 수정될 수 있다고 말함으로써 일소되지 않는다. 의문은 여전히 남는다. "당신은 어떤 선이라도 긋지 않았는가?"

이런 여타의 절대 원칙은 십계명이 가진 것과 같은 논리적 약점을 가지지만 존중할 만한 점이 훨씬 부족하다. 그것은 심리학적으로 훨씬 엄격하다. "공산주의보다는 죽음을"이라는 슬로건에 누가 반박할 수 있겠는가? 이는 또한 제도적으로도 훨씬 엄격하다. 살인에 대한 준비는 자기 확증적이고 자치적이다. 군대 조직은 기강이 확실해야 하는데, 교회는 그럴 필요조차 없다.

절대 원칙으로서 "살인하지 말지니라"는 "엉클 샘U.S.을 실망시키지 말라", "자유를 위해 투쟁하라", "함선을 포기하지 말라"와 같은 다른 절대 원칙들에 비해 한없이 인간적이며 진정어린 책임이 있다. 아브라함이나 모세의 때에 살인에 대한 전면적 금지는 히브리인들이 유아를 제물로 바치는 재앙을 피할 수 있게 하였다. 심지어 오늘날에도 그런 인간 중심적 절대적 금지는 우리를 갖가지 우상 숭배에 빠지지 않도록 도와준다.

제4장

실용주의 정치적 대안의 평화주의

사람이 폭력을 행사하지 않고 정치를 실천할 수 있는가?
대답은 명령형이다. 인류가 살고자 한다면 반드시 그래야 한다.
금욕을 실천하려는 힌두교도와 더욱 많은 이의 수중에
평화와 혁명의 정치를 위한 희망을 심으려는 스웨덴 외교관의
노력에서 그런 사실은 분명히 드러난다.
십자가에서 그런 정치의 비용을 직면하는 것은 동시에
십자가의 결과인 인간의 부활을 확증하는 순간이다.

제임스 더글라스, 「비폭력 십자가」

우리는 살인이 일어나지 않는 세상을 만들 것이라고
생각할 만큼 미친 것은 아니다. 단지 우리는 살인이 더는
합법적이지 않은 세상을 이룩하려고 투쟁하고 있다.

알베르 까뮈(Albert Camus)

비폭력적 조직의 실패보다 더 큰 실패는
오로지 폭력적 조직의 존재 자체이다.

조안 바에즈(Joan Baez)

여기서 우리가 정치적이라고 할 때, 이는 정부를 지지하는 입장을 가리
키는 것이다. 정치적 계획은 개인의 계획이나 능력, 취향에서 출발하지
않는다. 그것은 정부가 내려야 마땅한 판단에서 출발한다. 우리가 이런

정치적 평화주의를 실용주의적이라고 할 때, 이는 그것이 이론적인 일반화나 비판이 아니라 구체적인 계획과 목표를 제시한다는 사실을 나타내는 것이다.

실용주의 정치적 평화주의를 따르는 사람들은 핵 실험 금지를 비롯하여 유엔의 역할 강화, 혁신적 군비축소와 같은 정책의 일반적 채택을 제안할 것이다. 그들은 전쟁이 해결할 수 없는 문제에 대한 지적이고 실현가능한 답안을 모색할 것이다. 그들은 어떤 정치적 문제이든지 거기에는 평화적인 해결책이 있을 것이라고 생각한다. 거기에는 경쟁적인 정치사상들을 둘러싸고 일어나는 일단의 갈등들도 포함된다.

근본 공리

실용주의 정치적 평화주의자들은 어떤 문제에 있어서도 전쟁은 해결책이 아니라고 주장한다. 전쟁이 표명하는 가치로 재단해보면 전쟁은 역효과를 양산한다. 정치인이 국가 정책의 수단으로 전쟁을 사용하는 것은 근시안적이고 이기적인 행위이다. 그러므로 우리는 그런 정치인의 무지와 이기심에 맞서 그 정치인 및 그 지지자들이 책임지고 지원할 수 있는 구체적인 제안을 제시해야 한다.

이런 유형의 실용주의적 평화주의는 특히 1930년대 초반 앵글로색슨 국가 사이에 팽배해 있었다. 그 추론의 기원이 특별히 종교적이지는 않았지만 프로테스탄트 교회 안에서 그런 유형이 널리 나타났다. 30년대 후반 히틀러의 등장과 더불어 그것은 크게 퇴색되었으며, 이후에는 이 유형에 주목하는 주류 학자가 거의 없었다. 라인홀드 니버Reinhold Niebuhr 같은

사상가들은 이런 입장에 대한 가장 견실한 반대자인데, 실은 니버 자신이 한때 그런 입장을 가졌었다.[32]

약점

이 입장이 가진 다소간의 겉보기에 뚜렷한 약점은 사소하며 본질적이지 않다. 이는 주로 현실적인 지식이나 경험 없이 정치적으로 실현 가능한 것이 무엇인지 추정하는 소박한 사람들이 취하는 입장이다. 물론 때로 이런 관점은 기술적으로 가능하며 사회적으로 바랄 만한 가치가 있다. 그러나 현재 권력을 가진 정치인들이나 많은 유권자들에게서 널리 지지받을 것이라는 기대를 거의 할 수 없다.

하지만 이보다 더 중대한 일단의 약점들이 있다. 이 실용주의적 평화주의는 전체 사회 개발의 가능성을 오해하는 경향이 있다. 실용주의적 평화주의는 그들이 제안하는 방법의 효과를 너무 과신한다. 이는 그들이 장악한 정당들의 선의에 너무 의지한다. 따라서 실용주의적 평화주의는 실제로 효과를 거두지 못할 전략을 실현 가능한 것으로 여기고 있다. 그런데 그렇다고 해도 이는 다른 방식으로는 바랄 만한 목표이며 또한 본질적으로는 타당한 방법일 수 있다.

이처럼 실용주의적 평화주의는 건강한 해결책의 가능성을 과대평가함으로써 불을 보듯 뻔한 실패를 직시하지 않는다. 이 입장에 속한 사람들

---

32) 라인홀드 니버의 비판의 전형적 진술은 다음 글을 보라. "Why the Christian Church Is Not Pacifist," in *Christianity and Power Politics* (New York: Scribners, 1940). 또한 다음을 참고하라. Franklin H. Littell, "The Inadequacy of Modern Pacifism," *Christianity and Society* (Spring 1946): 18ff.

은 그것이 제시하는 실현 가능한 대안에 대한 우려를 품고 오로지 실현 가능성이 보장된 대안만이 도덕적인 구속력이 있다는 전제를 권력 정치인들에게 이양할 수도 있다. 그리고 도덕성은 분명한 결과에 대한 약속으로써 시험해 보는 것이 마땅하다는 점을 받아들일 것이다. 그런 시험을 암묵적으로 받아들인다는 사실은 다른 어떤 대안도 작동하지 않을 때 폭력을 인정하는 가능성을 완전히 걸어 잠그는 것인가? 아니면 도덕적 행위가 간혹 효과적이지 못하고 비용만 클 수 있는가?

이런 도전에 기독교적 방식으로 직면하여 평화주의는 그리스도의 십자가의 의미에 근거를 두어야 한다. 단언코 예수는 단기간의 정치적 목표가 가지는 어떤 가치를 달성하려고 효과가 뚜렷한 전략을 취하지 않았다.[33]

그럼에도 불구하고

하지만 무력의 유용성에 대한 이런 냉철한 비관주의와 인간적 해결책이 가지는 창조성은 다수의 사회 뿐만 아니라 많은 국제 분쟁을 비롯한 대부분의 경우에 필요하다. 모두가 동의한다 [34] 이런 점에서 실용주의적 평

---

33) 실용주의에 반대한 사람들 중 일부는 위에서 언급한 사람들이다. 그 밖의 다른 사람들은 이 책 3장에서 언급한 원칙 윤리학에 반대하는 형식을 띤다. 전쟁을 거부하는 행위가 정언적이라는 사실은 도덕적 속박이라고 보면서 자유를 허하지 않는 평화주의를 어떻게든 거절한다(예로, 칼 바르트). 그러나 동일한 비판이 전쟁을 허하는 입장 역시 마찬가지로 도덕적 속박이라고 여기지는 않는다. 목회 상담에 있어서 실용주의적인 것은 악덕일 수 있겠지만 정치에서는 다른 대안이 없다.

34) 파리 평화회담이 한창인 1969년 2월, 미국 대표단의 헨리 카봇 로지(Henry Cabot Lodge)는 상대편에게 "폭력은 해결책이 아니다"고 경고하였다. 그는 하노이/남베트남 민족해방전선(NLF)에 새로운 정권이 사이공에 들어서지 않는다면 평화는 없을 것이라고 하였다. 여기서 양측 모두가 수십 년 간 조직적인 게릴라전과 대게릴라전을 수행하며 이것이 정당한 해결책이라 여겼던 점을 주목해야 한다. 로지에게 있어 이 전쟁 와중에도 사이공의 정권 교체나 쿠데타가 "폭력으로 정치적 문제를 해결하려고 하기 때문에" 올

화주의는 유토피아적이거나 분파적인 평화주의 형태와 다르며 군사주의에 대한 유토피아적 주장과도 다르다. 그것은 현실성과 적절성의 도전을 받아들인다.[35] 이런 평화주의는 무기를 사용하지 않고도 똑같은 필요를 채우고 가치 있는 목표를 달성할 수 있다고 주장하며 무기에 대한 신봉을 확고히 비판한다. 그들은 세계의 군사주의로 사회가 재앙에 처하도록 버려두지 않는다.

다른 대안들과 달리 실용주의적 평화주의는 무력에의 의존이 가진 파괴적인 잠재력과 목표를 이룰 수 없는 공산에 대해 냉철할 수 있다. 모든 전쟁에서 적어도 한쪽은 패배자가 되며, 처음 목표를 재고해 볼 때 양쪽 모두 패배한 경우도 있다. 이런 평화주의자들은 단순한 폭력적 해결책에 호소하지 않을 뿐만 아니라 진정한 해결책에 대한 창의적인 탐색도 그치면서, 문제를 헤쳐나갈 다른 방안을 찾을 때까지 문제를 가지고 씨름한다.[36]

이 실용주의적 접근법의 주장을 공평하게 다루고자 한다면 다른 입장과 동일한 정도의 자본과 실행 계획, 전쟁이 필요로 한 만큼의 목숨을 잃을 수도 있는 희생을 바탕으로 한 적용을 기획해야 한다.[37] "비폭력이 성

바르지 않다고 보인 것은 자명했으며 결코 터무니없는 말이 아니었다.

35) 듀에인 프리센(Duane K. Friesen)의 현실주의적 주장을 참고하라. 『정의와 비폭력으로 여는 평화』*Christian Peacemaking and International Conflict: A Realist Pacifist Perspective* (대장간 역간, 2012).

36) 퀘이커 교도들이 구체적인 국제 문제에 관해 방대하게 언급한 것에 관한 연구는 이는 내용 면에서는 이런 방법을 어떻게 실천할 수 있는지를 보여주는 가장 진지하면서도 적절한 규모의 예이다. 그들은 현실 정치의 문제를 구조적 문제와의 도덕주의적 충돌 없이 세련되게 다룬다. 부록 1을 참고하라.

37) 간디와 마틴 루터 킹이 전개한 기술과 훈련에 많은 주의를 기울인 운동에 대한 연구와 더불어 엄청나게 많은 진지한 연구가 있었다. 네덜란드에서 행해진 연구로는 다음을 보

과를 거둔 적은 한 번도 없었다"는 말은 논리적으로 정직하지 못하다. 실제로 그것이 시도된 적도 없기 때문이다.

비폭력의 반대 입장에서 그러하듯 치밀한 계획을 세우고, 전략을 짜고, 군대에서 훈련시키듯 훈련하고, 연구를 위한 충분한 재정을 확보하고, 기술 계발과 단결심을 위해 투자하며, 기꺼이 목숨까지 바칠 수 있는 진지한 비폭력적 입장은 시행된 적이 없다. 군사적 방법이 현실에서 가지는 비용에 비례해서 공정하게 평가해보자. 한 사람당 정의를 위해 사용되는 비용이 있다고 생각해보자. 그렇다면 폭력적인 대안들과 비교하여 정의 수호를 위한 비폭력적 방법은 역사적으로 거의 지지 받지 못했을 뿐만 아니라 실패했다고 할 수 있을 만큼의 지원도 받지 못했다고 확실히 주장할 수 있을 것이다.38)

라. *Nieuwe Weerbarheid* (Arnhem, 1952), *Geweldloze Weerbarheid* (Amsterdam, 1965). 앵글로 색슨의 배경에서 실행된 연구는 다음을 보라. Peter Mayer, *The Pacifist Conscience* (Chicago: Henry Regnery Co., 1967), 특히 pp. 442ff. and 451ff. 폭력만이 유용한 도구라는 점이 자명하다고 여기는 자들은 대체로 이런 문헌을 살펴보지 않는다. 테오도르 에버트(Theodor Ebert)의 저서들은 근래 다양한 독일의 연구의 표본이다. *Ziviler Widerstand: Fallstudien* … (Bertelsmann, 1971), *Civilian Defence: Gewaltloser Widerstand als Form der Verteidigungspolitik* (Bertelsmann, 1970), *Gewaltloser Aufstand* (Freiburg: Verlag Rombach, 1969). 내가 이 각주를 1972년의 초판 형태 그대로 남겨두는 것은 이 연구 분야가 얼마나 오래 되었으며 얼마나 세계적인 것인지 보여주기 위함이다. 최근 자료는 부록 3을 보라.

38) 진 샤프(Gene Sharp)는 이렇게 언급한다. "과거 대부분의 비폭력적 투쟁은 대규모의 준비나 훈련 없이 즉흥적으로 수행되었다. 따라서 그런 과거의 투쟁은 이것이 잘 계획되었을 때 어떻게 발전할 수 있는지를 보여주는 원형에 불과하다. 이런 사실은 연구와 준비가 결합된다면 비폭력적 투쟁이 미래에는 훨씬 더 효과적일 수 있다는 점을 분명히 보여준다. 이런 방법이 해방 운동 및 국방에 이르기까지 폭력적 입장을 완전히 대체하는 것은 가능하다." Monina Allarey Mercado, ed., *An Eyewitness History: People Power; The Philippine Revolution of 1986* (Manila: Reuter, 1986), p. 7. 이 기획을 입증하는 샤프의 글을 비롯한 그 외 다른 자료들은 부록 3을 참고하라.

결국에는

대다수의 사회가 직면한 유일한 대안은 똑같은 실용주의 정치적 군사주의인데, 이 역시 완전 똑같은 논리적 결함을 가지고 있다. 군사주의는 그들의 지도자들의 선의와 정당성을 너무 과신한다. 비평화주의자들은 평화주의자들이 죄에 대해 낙천적이거나 비현실적인 태도를 가지고 있다고 비난하곤 한다. 하지만, 지도자가 가진 정당성과 지혜, 그들의 통치 방식, 그들에게 권력의 유혹을 버텨낼 수 있는 능력이 있을 것이라고 과다할 정도로 철저히 믿는 자들은 바로 군사 전략가들이다.39) 평화주의만큼이나 군사주의는 자기의 수단을 사용하여 목적을 달성할 가능성을 오해한다. 더욱이 자유와 승리 같은 용어를 즉각적 행동의 목표와 동일시하는 것은 심각한 오해이다.

---

39) 에른스트 프레몬트 티틀(Ernest Fremont Tittle)은 이렇게 언급한다. "오래도록 질질 끄는 무차별적인 살육과 가차 없는 파괴 이후에서야 사람들이 합리적으로 생각하고 정의롭게 행동할 것이라고 믿는 자들은 사실 평화주의자가 아니라 비평화주의자이다. 평화주의자는 인간 본성을 그렇게 신뢰하지 않는다." *Arthur and Lila Weinberg, Instead of Violence* (Boston: Beacon Press, 1963), p. 153.

막간논의
정치적 평화주의

실용주의적 평화주의 속에서 독특하고 유용한 변형들이 발견된다. 이것들을 따로 주목해보는 것은 의미 있다. 우선 선별된 하위분류를 제시하기 전에 전반적인 논쟁에 깔린 대화의 절차나 논리에 관한 질문에 어느 정도 주의를 기울여 보는 것이 유익할 것이다. 우리는 이와 같은 논의에서 대체로 우리가 사용하는 용어의 정의가 주류 비평화주의자에게서 적절히 차용되어야 한다고 가정한다. 우리는 도덕적 사고의 틀이 동일하며 추구하는 가치와 출발점이 동일하다고 가정한다. 또한 평화주의자가 어떤 종류의 수단을 거부하는 데 있어서만 차이가 있다고 가정한다. 질문은 같으나 답변은 다르다. 사안의 경중은 같으나 도출되는 결론은 다르다.

창의적인 평화주의자들은 정치적 비평을 통해 그것은 바람직한 질문의 형태가 아니라고 주저 없이 지적한다. 비평화주의 전통에서 세워진 분석적 범주가 적절하다는 근거는 없다. 평화주의자는 단지 다수의 질문에 소수의 답변을 제시하는 것이 아니다. 오히려 평화주의자는 질문 자체의 적절성과 유용성에 이의를 제기한다. 강제와 권력에 대한 두 가지 예는 이를 보여주기 충분하다.

강제의 사용

국가를 정의하는 데 있어서 '칼' 강제력에 호소하는 최후의 능력의 사용은 필수불가결한 것으로 널리 여겨졌다. 강제력이 없다면 무정부 상태가 될 것이다. 이와 대조적으로 정치적 평화주의자들은 경찰권은 공동체의 중심이 아니라 변두리, 전체 공동체의 최후의 수단ultima ratio이라고 주장한다.[40] 공동체의 건강과 존재는 잠복해 있는 그러한 힘에 의존한다.

강제력이 자주 사용된다면 그런 문명사회는 건강하지 못하다고 볼 수 있다. 사람들의 의지가 늘 강제력에 속박되어 있다면 그런 사회는 압제나 무정부 상태와 다름없다. 무정부 상태라는 것은 지나친 강제력의 존재를 보여주는 것이지 강제력이 거의 없는 상태가 아니다. 어떠한 강제력에도 호소하지 않는 질서 잡힌 사회가 있을 수 있다고 확신하는 것은 지나쳐 보일 수 있다. 그러나 실용적인 평화주의자는 강제력이 최후의 수단이긴 해도 실제로는 사용될 필요가 없거나 합법적으로 제도화될 필요가 없는 사회가 이미 시대를 앞서 존재했다고 언급할 수 있다.

---

40) 소위 '현실주의자'로 불리는 사상가들은 국가를 정의함에 있어 폭력이 수반되는 것으로 여기는 반면, 칼 바르트를 비롯한 다른 이들은 공동체를 가꾸어 나가는 것이 국가의 규범적 과업으로 여기면서 폭력을 예외 상황이나 최후의 수단(ultima ratio)으로만 사용될 수 있는 변두리에 둔다. 참고. Karl Barth, *Church Dogmatics*, vol. III/4, p. 398. 또는 나의 요약본을 보라. *Karl Barth and the Problem of War* (Nashville: Abingdon, 1970), pp. 37ff.

권력의 종류

널리 받아들여지는 또 다른 공리는 모든 권력의 질이 본질적으로 동일하다는 것이다. 폐쇄적인 시골 마을에 있는 무언의 사회적 압력과 도심지 경찰의 외부적 강제력의 차이는 단지 정도의 문제이다. 경찰의 역할과 국제적 전쟁의 차이 역시 정도의 문제이다. 따라서 평화주의자들이 여전히 자녀들을 체벌하면서 경찰력 혹은 경찰의 강력 집행으로 인한 살해를 부정하지 않는 한 전쟁을 거부하는 것은 모순적으로 보이게 된다.

자녀 체벌에 관한 문제에 있어 현재 평화주의자들의 관점은 다양하다. 그러나 모든 실용적인 평화주의자들은 여러 종류의 권력을 서로 구별 짓는 중대한 질적 차이를 인정하지 않는 태도가 어리석다는 데 동의한다. 권력은 설령 '강제적'이라고 해도 그것이 각 개인으로 하여금 인격적인 대우를 받는다고 느끼게 하고 그들의 생명을 지켜준다고 생각하게 하는 한 인격적이며 인도적이다. 교육, 떠도는 소문, 추방이나 따돌림이 유발하는 중압감과 같은 권력 역시 인격적이며 공동체의 회복을 도모한다. 사업, 학교, 교회를 비롯하여 심지어 국가의 비군사적 기능에 관련된 직책의 권력조차 그런 기관들의 목적에 따라 길들여진다.

아마도 이런 인격적 특성이 유지되는 것은 경찰 권력의 행사 때문일 것이다. 하지만, 그런 특성이 다른 종류의 경찰력에 있어서나 전시 상황에서는 철저히 버려진다는 것은 분명하다. "권력의 문제는 다 같은 문제이다"라는 주장은 논리적일 수 있지만 '권력'이라는 일반적인 추상적 개념을 그보다 중요한 다양한 형식보다 우선시하는 말이다.41) 그렇다면 예컨

---

41) 나의 다른 글을 참고하라. "Jesus and Power" in *The Ecumenical Review* 25 (Oct. 1973):

대 "생식의 문제는 다 같은 문제"이기 때문에 피임 중인 사람들은 자신이 기르는 애완동물의 번식조차도 막아야만 할 것이다. 그렇지 않다면 그들은 모순에 빠지게 되기 때문이다.

막간을 이용해 정치적 평화주의의 두 형태를 고찰해보자. 이는 책임 있는 유화 정책과 신중한 계산이다.

A. 책임 있는 유화 정책

유화 정책이라는 말은 영국과 프랑스가 히틀러의 체코슬로바키아 합병을 승인한 1938년 이후 거의 입에 담지 못할 용어가 되었다. 그러나 이 용어의 근원에는 모든 좋은 정부가 해야 하는 일, 즉 이상적으로 바람직한 것을 위해서는 전쟁 보다는 희생을 감수해야 한다는 의미가 담겨 있다. 모든 사람들은 그런 희생이 작동하여 전쟁을 피할 수 있는 모든 경우에 있어서 이런 접근이 마땅하다고 동의한다.

공리

적어도 현대 전쟁은 사회에 닥칠 수 있는 어떤 다른 악보다 더 사악하다고 보는 이런 관점은 경험에서 입증될 뿐만 아니라 현대의 연구에서 훨씬 더 자명하다. 바람직한 목표를 성취하려는 당장의 계획이 전혀 없다고 해도 전쟁은 생각도 말아야 한다. 전쟁으로 목표를 성취할 수 없기 때문이다. 따라서 평화를 위한 비극적인 희생은 전쟁이 유발하는 엄청난 파

447-454. 또한 Donald Durnbaugh, ed., *On Earth peace* (Elgin, Ill.: Brethren Press, 1978), pp. 365-372.

괴와 증오에 비교해 볼 때, 여전히 더 나은 선택이다. 물론 희생과 손해가 막심할 수도 있겠지만, 전쟁이 가져올 손실에 비해서는 훨씬 덜하기 때문이다. 그런 희생과 손해를 감수하는 것은 단지 차악을 선택하는 논리적 적용에 불과하다. 정부는 언제라도 같은 논리에 의거하여 전쟁으로 인한 피해가 덜하다 싶을 때 전쟁을 선호하게 된다.

약점

한 가지 결점은 계획적인 정치적 기준에 따라 유화 정책이 잘못되었다고, 그것도 무척 잘못되었다고 여겨지는 경우가 있다는 사실이다. 이는 바로 침략자가 타협안을 수긍하지 않고 더 난폭해지고 요구가 많아지게 되는 경우이다. 세계를 정복하려는 궁극적 계획이 그런 경우가 될 것인데, 전쟁이 아니고서는 이를 막을 방도가 없어 보인다. 그렇게 되면 다수의 의견에 민감한 정치인들은 이런 타협안이 앞으로의 대치 국면을 더욱 심각하게 만들 뿐이라는 결론을 내릴 수 있다.

그럼에도 불구하고

그렇지만 우리가 항상 평화적인 타협안보다 전쟁을 유일하게 더 나은 대안으로 여긴다면, 이는 모든 현실 정치적 가능성을 실제 경험에 있어 객관적이고 균형잡힌 시각으로 신중하고 합리적으로 판단한 결과가 아니다. 과거 몇 십년 간 유화 정책이라는 말에 스며든 부정적인 의미는 1938년 뮌헨 협정 이후 승리한 쪽에서 사용해왔다.

유화 정책은 한 편에는 명백한 침략자가 있고 다른 한 편에는 정당한 자가 있는 경우에만 사용될 수 있는 공정한 표현이다. 더 나아가 다른 영토를 차지함으로써 상대의 특정 유형의 공격적 의도가 감소하기 보다는 증폭될 것이 확실한 경우 그것은 논리적이다. 1938년 중재안을 더 신중히 고찰하고 제시하였다면 그런 주장이 다소간의 다른 상황에도 적용될 수 있었을 것이라는 사실은 더 분명해진다.

그러나 오로지 승리한 쪽에서 이런 경우를 유화 정책이 아니라 전쟁을 선택하기 위한 예로 든다는 사실을 인식하는 것이 더 중요하다. 어떤 전쟁을 막론하고 패자의 입장에서는 늘 조금이라도 빨리 화친을 끌어내는 것이 좋다. 심지어 상대가 절대적으로 부당한 침략자라고 해도 그렇다. 이는 2차 세계대전에서 덴마크와 저지대 국가들벨기에, 네덜란드, 룩셈부르크 등 –역주이 겪은 일과 1956년의 헝가리 혁명, 1968년 체코 또는 1980년의 폴란드인들의 경험에서 볼 수 있다. 그들의 항거와 이후 다시 봉기한 일들이 대단한 것은 바로 그들이 패배를 재빨리 인정하였기에 그 사회가 파괴되지 않고 온전할 수 있었기 때문이다.

결국에는

유화 정책이 침략자의 욕구를 충족시키지 못한다고 해서 비난을 받는다면 무장 방어 역시 더 많은 경우에 있어서 재난을 초래하거나 침략자를 저지하지 못한다는 이유로 비난 받아 마땅하다. 그렇다면 모든 것을 감안해 볼 때, 유화 정책은 엄청난 실패를 불러일으킬 수도 있지만 여전히 일반적으로 선호할 만한 전략이다.

역사에 가정이 있겠냐만은 2차 세계대전이 일 년 앞선 1938년에 시작되었다면 훨씬 더 효과적이었을 것이라는 주장이 많다. 그러한 예측에 있어 어느 정도 진실성이 있느냐를 떠나, 이는 전쟁이 발발했을 때 과연 그 목적에 합당한 일을 했는가를 묻지 않는다. 전쟁은 서유럽에서 독재의 확장을 막았지만 유럽의 절반을 스탈린에게 넘겨주었다. 전쟁은 폴란드에 민주주의를 가져오지도 않았으며 유대인들의 목숨을 구하지도 못했다. 1938년의 연합국의 중재에 대한 논의가 더해질수록, 많은 다른 경우에 있어 다른 방향으로 진행되었을 수도 있었을 계산과 주장에 더욱 호소하게 된다. 따라서 이런 사실은 그와 유사한 다른 경우에 있어서 유화 정책, 회유 정책, 혹은 타협안변질된 부정적 용어로서가 아닌이 책임 있는 마땅한 과업일 것이라는 점을 보여준다.

뮌헨 협정은 미 국무부가 1960년대 후반의 베트남과 뮌헨 사이, 그리고 1990년대 이라크와 뮌헨 사이의 유사성을 공언하는 특이한 방식을 주목하게 한다. 그런 식으로 비교하는 유사성은 많은 사람들의 시야를 흐리게 한다. "뮌헨 협정과 같은 일이 두 번 다시 없도록"이란 슬로건은 잘못된 도덕 절대주의를 매우 정치적이지 않게 사용한 경우로 드러난다.

침략자를 제지할 수 없는 무장 방어의 무능력함은 시험받아야 한다. 그것은 또한 유화 정책을 사용한다. 1945년 프랭클린 루즈벨트와 조셉 스탈린Josehph Stalin의 얄타 협정의 배후에 유화 정책이 없었다면 어떠했겠는가? 그렇게 독재 정권을 지지함으로써 미국은 스탈린의 세력 확장을 막지 못했고 실제로 그가 유럽의 절반 가까이를 차지하도록 용인한 셈이 되었다. 동맹국들은 전쟁에서 이기려고 뮌헨 협정에서 히틀러에게 넘겨주었던 것보다 훨씬 더 많은 영토와 시민들을 전체주의자들에게 넘겨주었다. 또한 미국은 페르시아만의 걸프전에서 이기려고 시리아와 동맹을 맺음으로써 체코슬로바키아에 체임벌린뮌헨에서 히틀러와 협정을 맺은 영국 총리 – 역주이 했던 행동을 레바논에게 한 셈이 되었다. 그리고 쿠웨이트와 사우디아라비아, 팔레스타인 등지에서 발생한 인권 유린에 대해 침묵하였다. 군사적 동맹은 평시의 양해보다 훨씬 분별력이 떨어지는 유화 정책의 일종이다.

B. 신중한 계산의 냉철함

일반적으로 오직 융통성 없는 원칙을 고수하는 평화주의자들만이 만족스러운 해결책을 마련할 가능성과 효과를 계산하기를 거부한다는 식으로 전쟁에 관한 논의는 흘러가기 마련이다. 그러나 실용적인 평화주의자는 신중한 계산의 도전에 부딪힐 수 있으며, 폭력의 가능성을 계산한다는 행위 자체에 이미 폭력의 효과에 대한 냉철함이 있다고 조심스레 주장할 수 있다. 심지어 폭력이 가진 악은 상대적으로 좋은 의도를 가진 덜 악한 쪽을 사회갈등의 축으로 변질 시킨다.

당면한 분쟁에 있어서 한 쪽이 다른 쪽에 비해 월등히 올바르고 정당하다고 생각해보자. 그렇다고 하더라도 그 쪽이 무기를 사용하기로 결정한다면, 이로써 폭력은 정당화되고 크게는 그들이 가졌던 도덕적 이점을 폐기하는 셈이 될 것이다. 전쟁을 통해 선이 쟁취될 것이라 기대되었지만 정작 선은 나오지 않는다. 오히려 바로 그 무기를 사용함으로써 실제로 나타나는 부분적 결과는 예상 밖의 악이다. 상대적으로 올바른 편에 속한 자들이 상대방을 격퇴하려고 그들의 상대적 의에 권위를 부여하며 절대화시키려 할 때 자연스레 그들의 도덕성 역시 감퇴되면서 그러한 예상 밖의 악이 나타난다.

역사적 과정은 정당화될 것이라 여겨졌던 그런 결정들이 대개는 다른 결과를 가져왔다는 사실을 보여준다. 라인홀드 니버는 이런 특징을 아이러니라고 부른다.42) 예상되는 결과에서 추론하여 도덕적 선택을 할 수 있다는 그런 확실성을 담보할 수 있는 사건이란 없다. 사실 이러한 예측 불가능성은 의사 결정의 다양성이 있는 우주 속에서 놀랄 일도 아니다.

간혹 역사적 과정은 누군가 버튼을 누르거나 단일 수도를 가진 국가에서 지시 사항을 전달하는 것 같은 기계 모델을 따르는 것으로 여겨지기도 한다. 그렇다면 이미 여기에는 유토피아 수준의 전지적 능력을 가정하고 있긴 하지만, 예상되는 최종 결론들을 두고 하나의 결정을 내리는 과정에는 확실한 논리가 있다. 그러나 언제나 동일한 인과관계에 있는 많은 다른 의사 결정자들은 제각각 다른 목표를 상정하고 전체 게임의 규칙에 서로 다른 가정을 전제하고 있으며 다른 상대들이 어떻게 게임을 풀어나갈지에 관한 기대하는 바도 다르다. 그러므로 이들이 가진 여러 선택 사항들 가운데 우리가 선택하고 예상한 것이 이루어 질 것이라고 확신할 수 있는 것은 아무것도 없다. 그것은 단지 수학적 확실성에 불과하다.

공리

정치적 냉철함의 핵심은 사람들 자체가 문제라는 사실을 받아들이는데 있다는 것이 바로 이런 입장에 있어서의 공리이다. 사람들이 사태를 해석

---

42) Reinhold Niebuhr, *The Irony of American History* (New York: Scribner, 1952).

하고 자신들의 결정에 대해 설명하는 행위는 그들의 자부심 때문에 뒤틀리기 때문이다. 실용주의는 권력을 모으고 배후에서 조종하는 것과 관계가 있기 보다는 큰 기대 없이 보다 더 효율적으로 작동하게 하는 것과 관련이 있다. 이는 실제로 이룰 수 있는 목표에 대한 한계를 현실적으로 계산하여 냉철한 입장에 있는 이들로 하여금 파괴적 수단의 사용을 정당화하는 이유들에 대해 강력히 의심하도록 만든다는 사실을 뜻한다.

약점

하지만 이런 온건하고 신중한 평화주의도 절대적 확실성에 대한 논점이나 문제를 해결할 수 없다. 권력을 가진 이들이 사악한 수단에 호소하는 것은 예외 없이 부패하게 된다는 절대적인 일반적 사실을 설명할 도리가 없다. 결코 증명할 수는 없겠지만 상대적 선과 상대적 악의 세상에서는 정반대의 결과에 이르는 특수한 경우도 있을 것이다. 상대적으로 덜 이기적인 정당이 상대적으로 더 지혜롭게 작은 전쟁을 성공적으로 이끈다면 결과적으로 신중한 대안의 예견보다 덜 해로울 수 있을 것이다.

그럼에도 불구하고

그러나 이런 종류의 신중하고 냉철한 평화주의는 정치판에서 가능한 가장 정직하고 현명한 관점이다. 이것은 개인과 국가의 도덕적 규제 능력에 관한 냉철함과 가치 있는 목표를 달성하려는 강제적 기구의 능력에 관한 현실주의를 결합시킨다. 신중한 평화주의가 말하는 주장을 설명하려면 통계적 가능성뿐만 아니라 다음의 순수한 논리를 입증해야 한다. 이는 예상되는 결과가 여러 명이 참여하는 게임에서 행한 파괴적 행위를 정당화할 수 있다는 주장이 대부분의 경우 미리 입증된다는 가정을 할 수 없다는 논리이다. 그러나 논리적인 측면만 불확실한 것이 아니다. 역사적 기록 역시 모든 이들로 하여금 무장하도록 독려하는 것이 올바른 역사의 추세라고 주장하는 모든 이들이 틀렸다는 사실을 보여준다.43)

결국에는

대안적 전략도 결코 그 결과를 절대적으로 입증하지 못한다. 사회적 변화의 역동성에 대한 역사적 기록과 이론적 작업을 고려해보자. 그렇다면 신중한 계산을 통해 선한 자들이 더 강력한 무력을 갖추게 되면 원하는 결과에 이르게 될 것이라는 생각은 여전히 작디작은 가능성에 불과하다는 사실을 알게 될 것이다.

---

43) 크든 작든 인간의 일에 있어 동등하게 사소한 사실들이(바로 그것은 하나님의 손에 달려 있기에) 어떤 규칙성을 띠고 예상과 전혀 다른 방향으로 나가려는 성향 때문에 괴롭지 않겠습니까? 그것은 바로 가장 중요한 미래의 실체가 예상치 못한 놀랄 현실이 될 때, 사전 준비한 계산이 모두 백지로 돌아가기 때문이 아닙니까? Karl Barth, "Letter to an American Churchman, October 1942," in *Eine Schweizer Stimme* (Evangelischer Verlag), p. 289. 소위 '책임'의 윤리학자들은 선을 위한 과정에서 책임을 맡고자 한다. 하지만, 그런 입장이 유효하려면 이상적일 정도로 매우 높은 예측의 정확도에 근거해야 한다는 것이 철학의 일반적 입장이다. 예로 다음의 졸저를 보라. 『당신이라면?』 (대장간 역간, 2011) 참고. Alasdair MacIntyre, *After Virtue: A Study in Moral Theology,* 2nd ed. (Notre Dame: University of Notre Dame Press, 1984), pp. 70 이후. 자유주의적 사회의 비전의 일부로서 "관리"를 인식하는 것은 소설이다.

제5장

비폭력 사회 변화의 평화주의

> 비폭력 인간이 행사하는 힘은 언제나 그가 폭력적일 때 행사할 수 있는
> 힘보다 훨씬 막강하다. 비폭력에 좌절이란 없다.
> **모한다스 간디**

모든 신학은 원하는 목표를 달성하고 원하는 것과 다른 결과를 방지할 가장 적절한 방책이 무엇인지 어느 정도 계산을 하고 있다. 어떤 윤리적 체계에서는 결과를 계산하는 일 자체가 단지 불변하는 원칙을 적용할 가능한 방책들을 선택하는데 사용되기 때문에 큰 비중을 차지하지는 않는다. 하지만, 다른 경우에 유효성의 개념은 윤리적 심의에 있어 철저히 큰 비중을 차지하기에 그런 계산이 뚜렷이 자리 잡고 있다.

간디와 마틴 루터 킹의 경우는 특정한 상황에서 비폭력적 방법이 사회적 변화를 원하는 방향으로 효과적으로 일으킬 수 있음을 보여준다. 따라서 이제 이러한 두 종류의 윤리 사상가들, 즉 '유효성'이 최종적 기준인 자들과 그것을 단지 수단적으로 여기던 자들 모두에게 이 새로운 접근은 고려해 볼 만한 것이다.[44]

---

[44] 비폭력을 효과적인 도구로 이해하는 것은 실용주의적 접근의 한 부류에 속한다(4장).

특정한 상황에서 사회 변화를 위한 도구로서 비폭력은 폭력에 비해 확실한 이점이 있다. 그것은 가난한 자들과 약자들이 사용할 수 있는 방법이다. 그리고 이 방법을 사용하는 사람들에게 도덕적 존엄성을 부여해준다. 바로 그런 존엄성이 설령 사회 변화를 위한 노력이 즉시로 성공하지 못한다고 할지라도 그 행동을 가치 있게 만들어 준다. 폭력의 포기는 압제자와 적으로 하여금 더 큰 불의를 사용할 명목을 빼앗는다.

이 방법은 다른 방법이 할 수 없는 영역에서 특별한 약속을 붙들게 해준다. 예컨대 라틴 아메리카에서 '혁명'의 공식은 너무 자주 시도되어 믿을 수 없게 되어버렸다. 대개의 경우 혁명이 사회의 근본 구조를 변화시킬 것이라고 기대할 수 없다. 더군다나 미국의 반공산주의 감시 아래 라틴 아메리카의 대립은 상황 자체를 오염시켰다. 한 국가 안에서의 폭력적 혁명이 다소간에 성공을 거둔다고 할지라도 북미의 개입은 이를 불가능하게 만든다. 이와 같은 상황은 비폭력적 방법이 사회를 효과적으로 변화시킬 수 있다는 사실을 분명히 보여주는 단지 하나의 실례에 불과하다.

공리

이 관점의 기저에는 모든 사람들이 사회가 더 위대한 정의를 실행하는 방향으로 나아가야 한다는 사실에 궁극적인 관심을 가지고 있다는 이해가 깔려있다. 압제자들은 자기 자신의 인간성을 존중하는 압제를 통해 이를 이루고자 할 수 있으며 자기 체면의 큰 손상 없이 변화를 이끌고자 한

하지만, 이 이해가 그리는 평화의 그림과 방법의 창의성과 개인적이고 구조적일 뿐만 아니라 대내적이고 대외적인 정치적 관심을 융합시키는 독특성 때문에 따로 다루어보기 원한다.

다. 이 관점은 대다수의 사람이 적어도 자신들의 목표가 폭력 없이 달성할 수 있는 것이라는 확신이 없는 한 악행을 삼가려는 그들의 꺼려함을 진지하게 여긴다.

비폭력적 사회 변화는 그런 목표를 향해 더 나은 길을 제시한다. 이것은 순수한 도덕적 사상들이1-2장에 서술된 많은 사람들을 납득시킬 것이라는 사실이 불가능하다는 점을 현실적으로 대한다. 정치적 실용주의적 평화주의가4장 국제 관계에 있어 대안적 가능성을 제시하듯이 이러한 입장도 사람들로 하여금 전쟁을 준비하게 만드는 사회적 구조와 태도에 대한 대안을 추구한다.

약점

유효성에 대한 이러한 약속에는 어떤 결점이 내재해있다. 인도의 간디가 영국인의 자존심에 호소하고, 미국의 흑인들이 미국 헌법에 호소한 데서 볼 수 있듯이 누군가 압제자의 양심에 호소할 수 있을 때 이런 방법은 효과적이다. 그렇다면 이는 사디스트와 야만적인 인간에게도 효과적일 수 있는가? 선한 양심을 가지고 압제하는 정권을 대상으로도 효과적일 수 있는가? 당장의 실제적 소득 없이 그런 신념이 몇 달이고 몇 년이고 유지될 수 있는가?

윤리학자들은 그런 실용주의적 비폭력은 두 종류의 사상이 혼합된 것이라고 본다.45) 그것은 정말로 폭력은 어떤 경우에도 그릇되다고 주장하

---

45) 다음 주장을 참고하라. Reinhold Niebuhr, *The Irony of American History* (New York: Scribner, 1952). 그러나 5장 첫 부분에서 언급했듯이 실용주의와 원칙적 타당성이 동시에 일어나는 것은 두 종류의 고려 사항 모두가 진정으로 적용되는 경우 약점이 아니다.

는 것인가, 아니면 단지 통상적으로 어리석고 비효과적이라고 주장하는가? 비폭력 주창자들이 성공을 약속한다면, 이는 곧 비폭력이 실패한다면 결국 폭력이 정당화 된다는 말인가? 다른 한편, 그것이 폭력의 거부를 도덕적 절대 규칙 혹은 고결한 규범에 호소한다면, 우리는 앞으로 펼쳐질 현실적인 미래에서 비폭력이 언제나 유효할 것인지에 대한 주장을 어느 정도 심각하게 받아들여야 하는가? 성공에 대한 주장을 포기하지 않는다면 특히 어떤 한 계급이나 인종, 사회 집단 전체가 이를 실행할 때에는 결국 이기심의 표현에 그치고 말 수도 있다.

특히 비폭력적 방법이 영적인 훈련과는 전혀 별개로 떨어져 고려되는 현대에는 비폭력은 특별히 기독교인과 연관이 없다. 실제로 이는 인간 본성에 대한 서구 '기독교인' 들의 개념보다 상대적으로 고난에 더욱 단련되고 위안이나 자기 충족에 덜 집착하는 비서구권의 인간성에 가장 적합할 수 있다고 주장하는 이들도 있다.

그럼에도 불구하고

비폭력 운동은 여전히 억압받는 자들이 유일하게 사용할 수 있는 수단이다. 어떤 상황에서는 자기 의견을 표출할 다른 방법들이 있는 사람들에게도 이런 방법은 도덕적인 책무를 감당하는 소수에게 무척 신중하게 고려할 만한 것이다. 대체로 이런 비폭력 운동은 이를 선택하는 사람들의 여론 형성과 정치적 결정의 전통적 과정과 결합되어 매우 강력할 수 있다.

결국에는

지금까지 살펴본 비폭력에 대한 비판적 요소들을 정직하게 적용한다면 전쟁에 대해서는 더 맹렬히 비난할 수 있다. 전쟁 역시 목숨까지 바치는 절대적 의무에 대한 주장과 누군가 패배하게 되면 합당한 평화에 승복하게 되는 실용주의적 유효성의 주장이 혼합되어 있다. 하지만, 전쟁이 실패하면 사회는 혼란에 빠진다. 게다가 적군이 폭력을 사용하는 데 있어 비이성적이고 잔혹하다면 전쟁은 가장 비효과적인 수단이 된다. 특히나 전쟁은 기독교인들의 윤리적 전략이 되어서는 안 됨이 마땅하다. 심지어 군인의 이기심은 비폭력적 십자군의 이기심보다 본질적 도덕성에 있어 정언적으로 열등한 것이 아니라고까지 말할 수 있다고 해도, 피해자에게 있어 그 결과는 천양지차이다.

제6장
예언자적 시위의 평화주의

그들은 내가 징집 서류에 피를 묻혔다는 이유로
6년형을 선고받았을 때 어떻게 차분할 수 있었는지 물었다 …
나는 두 번의 시민 불복종을 선택하기 전에
가능한 결과들을 철저히 생각했었다.
필립 베리건(Philip Berrigan), 1968년 감옥에서

지금까지 살펴본 견해들 가운데 일부는 전쟁에 참가할 때 개인은 자신의 양심이나 도덕률 앞에서 자신을 죄인으로 보는지 아닌지에 관한 문제에 집중하였다. 보다 더 많은 이들은 그런 개인들이 역사의 추세에 부적절한 위치에 있지 않았는지, 그래서 인과관계의 그릇된 사슬의 원인이 되지 않았는지 따져 묻는다.

그러나 특정 상황에서는 선과 악에 대한 익숙한 관념들을 고찰함으로써 자신의 행위를 수행하지 않고 오히려 의사소통에 관심을 두고 행동하게 하는 것도 가능하다. 예컨대 소득세를 반대하는 사람들 중에는 그들 수중에 있는 돈이 국방비에 쓰이는 것을 반대한다. 그들은 전체적인 일과 아무런 상관없이 도덕적 고결함만을 염두에 둔다. 그러나 그런 주장을 하지 않는 사람들도 있다. 그들은 돈에 새겨진 가이사에게서 벗어날 수 없다는 한계를 인정하지만 그럼에도 모든 세금을 자발적으로 내지는 않는다. 그들은 자기 의견을 주장하고자 한다.

따라서 행위에 대한 이들의 결정은 단지 그 행위가 하나님의 법이나 사랑에 의해 허용되는지 아닌지에 있는 것이 아니라 당면한 사태에 대해 무슨 말을 하는가에도 달려있다. 누군가는 미국 사회나 식민주의, 혹은 인종에 대한 쟁점들에 대해 말하고 싶어 한다. 그러나 이러한 것에 대해 말할 수 있는 유일한 방법은 어떤 일을 행하는 것이다. 이런 종류의 입장은 단지 시위행진이나 농성 또는 조세 저항과 같은 운동에만 국한되지 않는다. 그것은 병역 거부나 무장 반대와 같은 운동에도 적용된다.

근본 공리

이러한 관점은 말과 행실이 분리될 수 없는 것처럼 생각과 행동이 분리될 수 없다는 입장을 견지한다. 인간은 말로 표현하든지 그렇지 않든지 간에 의미를 조성하는 자이다. 모든 행동은 말인데, 대개 무언의 말이 더 큰 소리를 내곤 한다. 때론 즉흥적이고 행동으로 나타난 생각이 추상적인 관념보다 더 진정어리거나 논리적이다.

이 입장은 행동 자체와 관계없는 생각에서 영감을 얻기에 이를 윤리학이라고 평가하기는 무척 어렵다. 행동을 의사소통으로 해석하기 위해서는 그것이 말하는 바가 필수적이고 진실인지, 담고 있는 메시지가 얼마나 분명하고 확실한지 물어야 한다. 이런 질문들은 보통 그들이 그 메시지를 전달하고자 하는 청중들의 관점에서 던져진다. 하지만, 때론 그것은 한 사람에게 던져진 한 사람이 증명해보여야만 하는 질문이다. 때로는 한 사람의 도덕적 청렴함에 대한 의무는 반대 행위로 표현된다. 이를 꼭 이기적이거나 독선적인 입장이라고 할 수는 없다. 그것이야말로 도덕법의 절대성을 표현하는 유일한 방법일 수도 있다. 도덕법이 금하는 것에 대한 자신의 실천 가능 여부를 따진다거나 아니면 공공 정책으로서 달성할 수 있는지 여부를 계산하지 않고서도 도덕법이 금한다는 이유만으로 거부할 수 있다.

시위를 통해 표현되는 여러 메시지는 우리가 이제껏 살펴본 여러 다른 종류의 평화주의에서 똑같이 찾아볼 수 있다. 그것들은 독립된 메시지가 아니라 특별히 대중화된 도구이다. 하지만, 비유적 행동참고. 렘 27장은 여러 방법으로 그 자체가 하나의 유형이 될 수 있다.

- 한 개별적 전쟁에 관한 절대주의자의 판단은 그 판단이 가능한 모든 전쟁에도 동일하게 적용될 수 있는지에 대한 시험을 거치지 않고서도 내려질 수 있다. 직감적이고 인상적인 차원은 일반화된 철학적 윤리학에 근거 없이도 특별한 악행을 거부하는 현재 행위를 정언적으로 천명할 수 있다. 따라서 말로 분명히 설명하지 않고도 자신이 얼마나 그 문제에 신경 쓰고 있는지를 분명히 나타낼 수 있다.
- 인종차별과 착취적이고 비인간적인 제도에 거세게 저항하다가 도를 넘게 되는 유일한 판단은 전쟁일 것이다. 따라서 전쟁에 대한 학구적이고 윤리적인 대답 없이도 "이건 너무 지나쳐!"라며 전쟁을 거부하는 결론을 내리게 된다. 여기서 그 제도의 특성은 또렷이 드러나게 된다.
- 전쟁 자체는 극적인 의사소통으로 보인다. 살인이 그르냐를 묻는 것만

이 아니라 전쟁이 자국민에게, '적국'의 시민에게, 정치적이고 인간적 가치에 대한 세계 여론에 무슨 말을 하고 있는지 묻는다.

- 전쟁은 교만이다. 대담하게도 한 국가의 지도자들이나 그 당파가 온 세상에 그들의 계획을 강요하려고 한다. 그들은 자기만의 권력, 성공, 철학으로 어떤 도덕적 의나 의무를 주장한다.
- 전쟁은 우상 숭배이다. 사람들은 자국민의 복지와 결정권을 궁극적 가치로 여기고 필요한 경우 다른 모든 이들을 희생시킨다.

이런 몇 가지 방법에서 극적이고 개인적인 또렷한 아니! 라는 말이 필요한 것은 자명한 방법으로 이해될 수 있다. 시위자들은 그들의 항의에 힘을 싣기 위한 일반적인 추리 과정이나 대안적 행위의 필요성을 못 느낄 수도 있다. 당면한 악에 대한 반대가 그 자체로 정당한 이유는 거기에 다른 대안이 있든지 없든지 간에 말과 행동으로 표현되어야 하기 때문이다.

약점

이 견해에 대한 결점은 학문적으로나 윤리적으로 심각하다. 예언자적 시위자들의 행위를 평가할 수 있으려면 추가로 여러 가지 많은 것들을 검토해야 한다. 어떤 행위에 있어서 참여한 모든 이들이 같은 의미를 가지기는 어렵다. 광범위한 공동의 준비 절차나 연대 없이 집단 전체가 공통적인 입장을 취하기는 거의 불가능하다. 행동을 통해 신앙고백이나 설교, 절대 금지와 같은 것을 표출하기 쉽지 않고, 또 그저 사회 과정에 공헌할

수는 없다.46)

예언자적 시위의 목적에 대한 개념 자체가 다르다는 사실은 문제를 더 복잡하게 만들 뿐만 아니라 이런 종류의 선언적 행동은 시위자들에게 도덕적 확실성에 대한 강한 확신을 요구한다. 그런 입장을 취하게 되면 독특한 예언자적 권위를 확립하려고 독선적인 주장을 할 가능성이 다분하다. 하지만, 이런 교만 역시 그러한 의사소통을 받아들이는 사람들을 향한 일종의 폭력이 될 수 있다. 따라서 시위자들이 의도한 예언자적 의사소통이 어느 정도까지 이해될 수 있는지 물어야 한다. 과연 그 메시지는 전달되고 있는가?

그럼에도 불구하고

이 견해의 전제, 곧 행동에는 도덕적 의미가 풍부하다는 인식은 여전히 올바르다. 지도자가 무슨 일을 하든지 간에 대중들이 이에 순응하는 것은 현재 정책들에 대한 지지를 표명하는 강력한 말과 다름없다. 말로만 반대하고 행동으로 이어지지 않는 것은 별 소용이 없다. 투표 행위만 그치는 반대투표는 일종의 반대하는 목소리이다. 다수의 결정에 협조하기 거부하는 것은 또 다른 중요한 목소리이다. 특히 요즘같이 말이 난무하는 시대에 우리의 귀는 들은 것 중 많은 것을 흘려버리고 뇌는 읽은 것 중 많은 것을 잊어버린다. 따라서 행동하는 말이라는 확성기는 어떤 메시지를 전

---

46) 리처드 숄(Richard Shaull)은 입영 영장을 반납하는 시위 행사에서 '비유적 행동의 정치적 중요성'에 관한 성찰을 제시한다. 기독교 대학 운동(UCM)이 발행한 "Week of Process '67," *Motive* (April 1968): 27에서 숄은 그런 입장이 어떤 종류의 위험성이 있는지 알고 있지만 그것이 과연 어떤 위험인지, 그런 위험이 초래할 손상이 무엇인지, 그런 위험을 무릅쓸 가치를 어떻게 결정할 것인지에 대해서는 말하지 않는다.

달하기 위한 유일한 방법이다.

결국에는

훨씬 더 넓은 의미에서 대개 전쟁의 목적은 무언가를 말하려는 데 있고, 그 의미에 대한 우려는 이에 대한 도덕적 평가를 복잡하게 만든다. 대체로 입대하는 젊은이들은 그들 자신 혹은 부모에게 그들의 장성함에 대해 무언가를 말하고자 한다. 무기를 갖추게 되는 것은 힘이나 믿음직함을 나타내기 때문이다.

대내적으로 전쟁에 우호적인 입장의 동기는 정치적 목적 자체나 특정한 공격을 격퇴하려거나 평화 질서를 수호하기 위한 가능성에서 우러나오지 않는다. 대신에 미국의 경우 10년간의 월남전에서 다른 동기들에 대해 극적으로 살펴볼 수 있고 6개월간의 페르시아 걸프전에서는 한층 더 극적으로 드러난다. 우리는 우리가 주변에 휘둘리지 않을 것이라고, 우리는 약속을 지키는 사람이라고, 공산군의 침략은 어디서도 통하지 않을 것이라고 다른 사람들에게 말하고자 한다. 미국의 지도자들은 이런 요소의 '메시지'를 천명해왔으며, 그럼으로써 니카라과, 그레나다, 파나마, 특히 이라크에 대한 전쟁을 정당화해왔다.

살인을 통해 우리가 전달하려는 메시지는 분명하지 못하고 나아가 도덕적 사례를 제시하기 더 어려워진다. 이는 적군, 즉 피해자가 우리가 자신의 죽음을 바란다는 메시지를 받고 더는 응답하거나 변화할 기회가 없다는 점에서 비폭력 시위의 유형들과 다르다. 군사 행동이 성공을 거둘 때까지, 이는 그저 적군이 아닌 다른 대중에게 소통할 수 있을 뿐이다. 우리는 중국, 러시아, 미얀마, 혹은 우리 자신에게 미국의 성격에 대해 증명하고자 하는 바를 위해 베트남이나 이라크를 궤멸시킨다. 우리는 "세계로 울려 퍼진 총성"을 원한다. 반면에 비폭력적 시위는 인간 존엄성의 확인을 상대방과 이를 꺼리는 사람들에게 말하고자 한다.

제7장

선포적 평화주의

[교회는] 예수의 말씀뿐만 아니라 그의 죽음과 부활을 통해
역사적으로 이런 부르심을 받았으므로 확실한 증인으로서 행동을 통해
이 메시지를 효과적으로 전할 수 있다.
한스 베르너 바르취(Hans-Werner Bartsch)

지금껏 살펴보았던 모든 입장들의 윤리적 사상의 저변에는 의에 대한 개념이 깔려있다. 그러한 입장에 있어서 윤리는 인간의 고결함에 대한 우려의 표현으로 보인다. 행동의 적절성은 법의 요구와 비교하여 평가되거나 행동의 의는 사회적 영향을 통해 드러난다.

우리는 기독교 윤리학을 통해 오랜 시간 광범위하게 그런 차원에 집중해왔다. 그 과정에서 우리는 또 다른 기독교적 관심의 중요한 차원을 놓쳤는데, 그것은 특히 신약에서 핵심적인 것으로 종교개혁의 정수이자 교회의 선교적 비전의 핵심으로 보인다.

바로 놓쳐온 이 요소는 기독교인의 전체 삶을 하나님 나라의 선포적 측면으로 이해하는 것이다. 예수는 그보다 앞서온 요한처럼 자신의 존재를 확실히 이해하고 있었으며 자신의 말을 살아 있는 설교로 여겼다. 하지

만, 그뿐 아니라 예수의 말씀은 선포이며, 그의 병 고침과 귀신 쫓음도 그러하다. 곧 그의 존재 자체가 선포이다.

선포에 대한 이러한 윤리적 관심의 핵심은 종교개혁의 끝나지 않은 숙제로 여겨진다. 종교개혁은 선포의 개념을 둘러싼 성례식의 집행과 성경 읽기를 새롭게 제시하였다. 특별히 선포된 메시지는 무조건적 용서, 혹은 '이신칭의'이다. 이 관점은 점점 신조와 선교 사상을 관통했다. 그러나 신학자들은 한번도 기독교적 행동을 선포와 케리그마와 같은 정도로 생각해 보지 못했다.

하나님나라에 대한 메시지가 윤리를 분명하게 해준다면, 윤리는 다른 관점의 경계를 허물게 될 것이다. 법 윤리, 결과의 윤리, 개인의 고결한 윤리는 사람들을 의롭게 해 줄 수 있는 윤리이다. 사람은 옳은 행동이 실천 가능한 방식으로 자기 행동을 계획하고 하나님의 요구를 해석할 수 있다. 그러나 하나님의 요구에 확실히 맞추려고 하나님의 요구에 대한 자신의 이해를 재단하는 것 자체가 이미 독선이다.

하나님나라가 임박했다는 선포는 가능성에 대한 새로운 기준을 제시한다. 그 이후 우리는 무엇이 정상적이고 인간적으로 가능한 것인지 계산하지 않는다. 우리는 이제 최고가 아닌 차선에 우리 자신을 맡기지 않는다.

동시에 하나님나라의 선포는 의에 대한 새로운 기준이다. 내 이웃에게 그들을 위한 하나님나라가 도래한다는 사실을 전하는 행동은 선한 것이다. 또 이 외에, 선포는 기독교 진리의 핵심에 대한 새로운 기준이다. 도래하는 나라는 하나님께서 지금 나를 이웃을 위한 참된 종으로 만들고 계신다는 뜻이다.

신약의 윤리는 이런 선포적 분위기를 그런 명령에 있어서의 예측과 약속을 뒤섞는 방식으로 서술된다. "너는 ~할 것이다"와 "너는 ~해야 한다"와 "너는 ~이다"를 구분하는 것은 불가능하다. 기독교적 순종은 보상을 받으려고 어떻게 조건을 충족시킬 것인가를 계산하는 데서 비롯되지 않는다. 대신 신자의 삶은 하나님께서 새롭게 정하신 상황 속에서 순종으로 나타난다.[47]

이제 전쟁의 경우에 내가 사랑해야 하는 나의 이웃인 적에 대해 다루어야 한다. 나의 행동은 그들을 향한 하나님의 사랑의 본성을 선포하는 혹은 전해야만 하는 방식이 되어야만 한다. 아마도 이는 일종의 강압적인 방법을 통해, 즉 도덕적, 사회적, 혹은 물리적인 강제를 사용함으로써 가능하다고 주장할 수 있을지도 모르겠다. 하지만, 그들의 생명을 빼앗거나 위협하는 방식으로 될 수 없음은 확실하다.

공리

이러한 접근의 저변에는 하나님의 말씀의 선포가 역사의 원동력이자 그 의미의 원천이라는 프로테스탄트의 사상이 깔려있다. 이 말씀을 수호하거나 발전시키거나, 아니면 걸러 듣는다거나, 지지한다거나, 상황에 맞게 고치거나 가능성이 보이도록 다듬거나 하는 것은 기독교적 순종에 해당되지 않는 사항이다. 우리는 그저 그 말씀을 말하고 최종적인 그 말씀 자체를 믿음으로 살아가면 그만이다. 한스 베르너 바르취는 다음과 같이 서술한다.

---

47) 빌립보서 2:12-13.

평지설교는 인간 가능성을 고려하지 않고 조건없이 구원을 선포한다. 기독교인들은 다시 사신 주님을 만남으로써 역사적으로 이 선포를 경험하였다. 이 만남을 통해 잃어버린 자들을 구하시는 하나님의 중재는 입증되었다. 이제 교회는 이와 똑같은 확신을 설교에 담아낸다. 그러나 이러한 확증이 단지 예수의 말씀뿐만 아니라 그의 죽음과 부활을 통해 교회에 전해진 것과 같이, 교회도 증인의 특성을 가진 행동을 함으로써만 역사적 유효성을 가지는 이러한 선포를 전할 수 있다.

구원의 증명은 구원을 인정하는 행위에 부차적으로 부과되는 추가적 과제가 아니다. 구원을 인정하는 것 자체가 그것을 전하는 증언 행위를 통해서만 생긴다. 그러므로 교회는 참된 예수 그리스도의 교회가 되도록, 예수를 주로 시인하도록 이웃에게 나아간다. 증인이 되라는 사명을 통해 교회는 사회적 중요성을 얻게 되는데, 이 사명에는 이웃을 향한 행동이 포함될 수밖에 없기 때문이다.[48]

약점

이런 종류의 견해에는 심각한 약점이 있는데, 특히 우리가 이를 비기독교인이나 전혀 다른 전통에 속한 기독교인들에게 소개하려할 때 그렇다. 그것은 소수의 루터교 신학자들의 글에서 명확하게 드러나고 루터교적

---

48) 나의 번역이다. Hans-Werner Bartsch, "Das Soziale Aspekt der unchristlichen Paranese …" *Communio Viatorum* 5 (1962): 255.

맥락에서 가장 본거지를 이룬다.49) 칼 바르트의 영향을 무시할 수 없는 유럽의 프로테스탄트 사상은 '과학' 즉 자체의 규칙을 가지고 자체의 본질적 존엄을 가진 학구적 규율으로서의 신학이 자신의 용어를 정의하도록 만들어 여타의 학문적 방법을 사용하여 신학을 판단할 수 없게끔 하였다. 이는 또한 루돌프 불트만Rudolf Bultmann의 유산에 의해서도 제약되는데, 그 역시 바르트와 마찬가지로 이해할 수 없는 방식으로 실재의 의미를 사람의 정체성의 설명할 수 없는 자기 인식에 위치시킨다.

따라서 대륙의 신프로테스탄트 사상에서 규범적 기독교적 선포를 고유의 용어 설정으로 생각하는 것이 충분히 가능하다. 그것은 검증해 볼 필요가 없는 독특한 요구를 하고, 실제로 그것은 다른 입장이 가진 어떤 기준으로도 검증할 수가 없다. 이것은 오만한 유아론이 아니라 지나치게 겸손한 입장일 따름이다. 이는 하나님께서 말씀하시는 특이한 방식에 대해 하나님께 설명을 요청할 신학자의 지적 권한을 인정하지 않는 것이다. 그러므로 신학자가 하나님의 메시지를 상황에 맞게 적용하고 증진시키는 것을 허용하지 않는다.

하지만, 이는 다른 기독교 전통에 속한 사람들과 대화할 때 문제를 유발시키는데, 특히 다른 학문들과 세상과 소통할 때 그러하다. 우리가 그릇된 용어가 아니라 올바른 용어를 사용하여 기독교적 선포를 주장하며, 우리가 복음의 요구 때문에 새로운 사고방식을 가지고 그에 따라 생각한

---

49) 이 접근법이 한스 베르너 바르취와 디트리히 피싱거(Dietrich Fischinger)의 주해 작업에서 가장 잘 나타난다. 참고. 바르취의 논문 "A New Theological Approach to Christian Ethics," in John C. Bennett, ed., *Christian Social Ethics in a Changing World* (New York: Association Press, 1966), pp. 54ff.

다고 할 때, 다른 사람들은 이를 편협하다거나 오만하다고 여길 수 있을 것이다.

이 견해의 더 심각한 약점은 그것이 이웃에 대한 사랑의 선포를 조건없는 가능성으로 단언한다는 데 있다. 이 입장은 실제 구체적인 사례에 대한 아무런 언급도 없이 그런 말을 하기 때문에 여러 경우에 따라 우리가 계속해서 지켜 행해야할 분명한 어떤 지침도 주지 않는다. 선포적 평화주의는 모든 정치적 분쟁에 있어 늘 중립성만을 추구해야 하는가? 아니면 비폭력적으로 한쪽 편을 들 수 있는가? 이 입장은 일종의 폭력인 차악이라도 용납할 수 있는가?

누군가는 내가 사랑해야 하는 이웃이 바로 적이라고 말하며 도래할 하나님나라가 모든 것을 새롭게 만들 것이라고 말할 수도 있다. 그러나 이는 앞선 질문들에 대한 즉시적인 답이 되지 못한다. 그렇다면 이 말씀은 추상에 지나지 않는가? 우리는 "나의 행동을 통해 하나님을 믿지 않은 자들을 향한 하나님의 조건 없는 사랑을 선포해야 한다"는 선언을 윤리적 지침으로 설정할 수도 있을 것이다. 하지만, 그러한 헌신도 결국에는 소통에, 주님의 말씀이 되기에 실패할 수 있지 않는가?

그럼에도 불구하고

그러나 이것은 프로테스탄트 공리이다. 특별히 예수께서 병든 자와 이방인, 주린 자를 돌보시고 폭력에 대처하시는 행동을 볼 때, 그의 행위에 말씀의 차원이 있는 것은 사실이다. 윤리를 정당화의 사슬에서 벗어나게 하는 것은 루터가 칭의를 공로에서 벗어나게 만든 작업의 연장선에 놓인 것으로서, 이는 타당하다.

결국에는

보다 넓은 맥락에서 우리가 지금 살펴본 바와 마찬가지로 전쟁도 역시 하나님에 대한 이해와 어떻게 그가 죄인들을 처리하시는지를 선포한다. 전쟁은 우리가 사람들을 하나님의 사랑의 대상으로 상대하는지 그렇지 않은지에 대한 메시지를 늘 전달한다. 이는 특히 우리가 평화 또는 자유를 위해 전쟁을 준비하고 있다고, 아니면 평화 혹은 또는 자유의 이름으로 전쟁을 수행한다고, 아니면 세상에 가르쳐주고자 한다고 말할 때 그러하다. 현대 세계에서 모든 전쟁은 인간의 성격뿐만 아니라 인종과 부에 대해 무언가를 선포한다.

대부분의 기독교인과 군사 기관들은 그들이 폭력을 사용하는 데 있어 한계를 지정하는 명료한 결의론적인 담장을 쌓지 않는다. 이것이 사실이라면 모든 군국주의는 신중한 구체적 규율을 회피하고 덕에 대한 설명할 수 없는 추상적 선포에 피신해 있는 셈이다.

막간 논의
프로그램과 실용성

지금까지 살펴본 여러 다양한 모든 입장들은 어떻게든 프로그램이라는 도전을 신중히 받아들이고 있다. 전쟁을 비롯하여 이를 촉발하는 행동을 반대하는 방법은 제각각 다를지라도 그 모든 입장들은 사회를 위한 해결 방안을 제시할 준비가 되어있다. 그러나 우리가 이제껏 살펴보지 않은 다른 차원의 중대한 차이가 있다. 실천이 규범을 어느 정도까지 따라갈 수 있는가? 누군가는 단지 대안적 비전을 가지는 것 자체에 그와 연관된 정책을 선전하거나 탄원하는 즉각적 의무가 포함되어 있다고 본다. 하지만, 어떤 이는 꼭 그렇지는 않다고 본다. 이런 차이는 지금껏 살펴본 대부분의 유형에 적용될 것이다. 여기서 잠시 대충이나마 일종의 하위 목록을 정리해보자.

A. 우리는 얼마나 실천적이어야 하는가?

1. 단어의 정의를 따라 실천적인 대안은 **동의를 얻을 수 있어야** 하고 실제로 적용되어야 한다고 여기는 사람이 있다. 이 대안을 지지하는 일은

합당한 모든 통로를 통해 국가의 방향타를 돌릴 수 있을 때까지 끝나지 않는다. 이 경우, 실천적이라는 말은 그 대안이 적용된 정책이 국제적인 문제를 해결할 수 있음을 뜻할 뿐만 아니라 그 정책은 국민이나 적어도 정권을 잡은 자들의 동의를 얻을 수 있음을 뜻한다.50)

2. 다른 이들도 효과에 대한 동일한 의무를 신중히 고려하는 데 동의할 것이다. 그러나 이들은 정치 체계가 숨은 욕망과 각종 연줄 때문에 부패하여 결코 저절로 옳은 일을 하게 되지 않을 것이라는 사실을 인정할 것이다. 하지만, **시민 불복종**이라는 최후의 방책이 있는데, 이는 긴급한 호소의 대상이 정당한 법 절차에서 대중이나 공직에 있는 자들의 양심으로 옮겨간 것이다. 그들은 정치인과 언론이 닿을 수 없는 데까지 고통과 충격이 이르기 바란다. 이러한 불복종에도 불구하고 시위자들은 여전히 법의 중재 안에 머물러 있고 그에 따른 처벌을 감내한다.

3. **시험적 소송**의 시민 불복종은 이 처음 두 가지 유형 사이에 놓여있다. 그것은 정당한 법 절차의 가장 극단적 형태로 보이거나 시민 불복종의 가장 온건한 형태로 보일 것이다. 둘 중 어떤 형태가 되었든지, 반대하는 사람이 결정을 내리는 것이 아니라 체제가 결정을 내릴 것이다. 그렇다면 여기서 반대자는 타인의 양심이 아니라 또 다른 정부의 분파에 호소하는 셈이다. 누군가는 행정부의 월권이나 입법부의 무력함을 법정에 호소할 수 있다. 만일 법정이 이를 인정한다면 시험적 소송은 정당한 법 절차의 성공적인 체험이 된다. 하지만, 그렇지 않은 경우 그는

---

50) 선전이 유난히 효과적이어서 '국민'과 '정권을 잡은 자들'이 크게 다른 의견을 가지는 경우는 예외이다.

시민 불복종의 자세를 보이겠지만 그가 어긴 법이 부당하다는 주장은 자신의 무고함을 입증하려던 소송이 실패함에 따라 어느 정도 약해진 다.51)

4. 한층 더 '체제'에 비판적인 입장은 형용사의 의미를 변화시킨 **비시민 불복종**uncivil disobedience이라 불리는 입장이다. 소수 집단은 더는 타인의 양심에 호소하는 것이 가능하다고 믿지 않는다. 하지만, 그들이 기꺼이 재산을 위태롭게 하거나 민원 행정, 경제, 대중교통, 대학의 정상적 기능을 마비시키고자 한다면 자신들의 의지를 다수 집단에 강제하거나 타협책을 마련할 수 있을 것이다. 그들은 살생의 의도가 없을 뿐이지 폭력을 사용하는 위험을 감수하려 할 것이다. 그들은 실용주의적 유효성에 대한 주장을 옹호하지만 그들이 설정한 목표는 오로지 강제적으로 누군가를 굴복시킬 때에 성취된다. 그들이 실패할 경우, 보통은 상대방의 방안이 더욱 공고해지는 결과를 초래한다. 인종 정의를 주장하고 월남전을 비판하던 자들 모두는 1967년경에 미국에서 이처럼 덜 '시민적인' 정신을 가지고 활동하기 시작했다.

---

51) 독자들은 1968년 있었던 스포크(Spock)와 코핀(Coffin)을 포함한 여러 명의 재판의 성격이 중도에 변했던 것을 떠올릴 수도 있을 것이다. 그것은 입영 거부를 방조하는 시민 불복종의 직설적인 행동으로 시작되었는데, 이는 법이 부당하다고 여겼기 때문이다. 그러나 미국의 최상위 법이 피고인 편에 있다는 주장과 더불어 그것은 시험적 소송이 되었다. "음모 혐의에 관한 관습적인 변호의 급박한 필요성은 반전 운동의 필요와 정면충돌을 피할 수 없이 보였다" Jessica Mitford, *The Trial of Dr. Spock* (Alfred A. Kropf, 1969), p. 173. 참고. William S. Coffin, Jr., and Morris I. Leibman, *Civil Disobedience: Aid or Hindrance to Justice* (Washington, D.C.: American Enterprise Institute for Public Policy Research, 1972).

B. 선택할 수 있는 프로그램이 얼마나 현실적인가?

지금 살펴본 고유한 양상들은 소극적인 태도에서 점점 더 적극적인 자세로 관계 당국에 반대하기까지 나아간다. 그것은 추구하는 결과를 달성할 수 있는 확률로 행동이 정당화 된다는 주장을 유지하고 있다. 하지만, 실현 가능성과 책임감을 연관시키는 방식이 다양할 수 있기에 달리 구분된다.

1. 대체로 퀘이커들의 연구서에서 볼 수 있듯 **실천적 대안을 제시해야 한**다는 주장은 무척 명료하고 구체적일 수 있다.[52] 그들이 제안하는 길은 누군가 정말로 택할 수 있고, 원한다면 당장 시작할 수 있다.

2. 다른 한편으로 현실의 국제적 충돌이 **해결될 수도 있었다**는 주장을 유지할 수도 있지만 이 주장을 유지할 권리가 지도자나 국민들로 하여금 이를 실천할 수 있도록 했는지 그렇지 않은지에 의해 검증된다는 점을 인정하지 않을 수 있다. "당신은 다른 방식으로 할 수 있었다"라고 하는 것은 예언자적 비난의 에두른 표현이다. 그것은 전쟁 중인 집단들이 회개하지 않을 것이라는, 아니면 그들을 구하기 위한 회개가 너무 늦었다는 충분한 인식 하에 우상 숭배에 대한 강력한 규탄으로 선포되어야 한다.

부주의한 대중들이 덤비듯이 "당신은 폭력의 악순환의 종이 될 필요는 없다"라는 말은 단지 몇 안 되는 사람들이 들을 복음의 초청이 될 수 있을 것이다. "당신은 이 길을 선택한 일을 미안하게 여길 것입니다"라는

---

52) 이 책 끝부분의 부록 '권세에 진실을 말하기'를 참고하라.

말은 어떤 이들로 하여금 회개의 은혜를 발견하게 해주는 경고가 될 수 있을 것이다. 이런 상황 중 어떠한 경우라도, 실현 가능하지만 비실용적인 프로그램은 우리가 내일 당장 택할 수 있는 현실적인 길이 아니라 화해로의 부르심을 우리 시대의 성공 중심적 신화적 언어에 표현하는 방식을 통해 연관성을 찾는다.

3. 또 다른 방법으로는, 실천적인 선택 사항들을 시행할 수 있는 능력이 없이도 그것들을 숙고해 볼 수 있다. 그것들은 **교육학적 패러다임**, 사고방식의 검증, 논리적 선택 사항들을 깔끔하게 정리해주는 기술일 것이다. 오직 전쟁이 현실적이고 평화주의자는 이상주의자라는 비평화주의자의 주장을 약화시키려는 실용주의적 선택 사항들을 살펴볼 수 있다. 아니면, 사고 습관이 단기적 목적/수단적 계산에만 한정된 사람들과 대화하기 위한 방식으로 그런 선택 사항들을 받아들일 수 있다. 비록 그 사람들의 입장 자체는 그러한 기준에 한정되거나 판단되지 않는다고 할지라도 말이다.53) "전쟁은 이용할 수 있는 수단이 아니다. 다른 방법이 있다"는 말은 평화주의자들이 현실적 문제를 다루려 하지 않는다거나 현실에 관심이 없다고 하는 비난을 받지 않도록 해준다. 하지만, 그런 진술이 실제로 승인될 수 있는 비폭력적 방안을 제시하도록 하지는 않는다.

이런 견해들 사이의 전략적 차이는 근래에 공공연히 논해지고 있지만,

---

53) 결의론의 '에큐메니컬' 혹은 '변증적' 사용은 "what if?"라는 제목의 나의 소논문에 예시하고 있다. 『당신이라면?』(대장간 역간, 2011).

월남전과 인종, 핵무장과 해방에 관한 쟁점과 밀접한 연관을 가진다. 결과적으로 다수의 평자들은 이러한 복잡성을 평화와 인종 정의에 있어서 거슬리는 부담이 된다고 여긴다. 일부는 평화주의자와 인종 문제 관련 단체 사이에 논쟁의 결과가 평화주의적 관심이 가지는 신빙성을 떨어뜨릴 수도 있다고도 본다. 그러나 이는 잘못된 이해이다.

평화라는 주제를 둘러싸고 이렇듯 다양성이 돋보이는 이유는 바로 이것이 중요한 주제이기 때문이다. 하지만, 우리가 피임이나 금주법, 케인즈 학파의 경제 통제에서 단일세, 대중교통, 소득 보장의 도덕적 차원에 대해 관심을 가졌을 때도 이와 똑같은 일련의 문제에 부딪히게 될 것이다. 이처럼 군사적 영역에서도 현실적 실용성이 적용되는 정도에 있어서 똑같은 다양성이 나타난다. 다양성은 민권 운동의 전략 사상을 병들게 한 만큼이나 백인시민협회와 생존주의자들의 전략 사상을 병들게 한다. 그러므로 다양성이 특별히 비폭력적 관점과 상충한다거나 폭력적인 대안을 선호한다는 주장은 영향력이 없다.

제8장
유토피아 순수주의의 평화주의

평화에 이르는 길이란 없다. 평화가 길이다.

아브라함 머스티(Abraham J. Muste) 54)

이전과 달리 1960년대 이후, 근래의 대항문화counterculture의 '과장법적' 또는 '유토피아' 언어를 모방하여 신약성경의 대화 스타일이 문화적으로 혹은 도덕적으로 현시대와 무관하지 않다는 인식과 의식이 크게 나타났다. 이는 실용주의에 맞설 수 있는 선과 현실의 관계에 믿을 만한 대안적 비전이다. 뿐만 아니라 이는 선을 이루려고 선을 버리는 자들의 수단과 목적의 모순을 폭로한다.55)

살인은 그릇된 행위라고 말하며 적을 증오하는 사회에서 살인자를 죽임으로써 처벌하는 행위, 그리고 살인자에게 당신을 죽이는 우리는 옳다

---

54) 아브라함 머스티는 20세기 중반의 가장 위대한 평화주의 지도자 가운데 한 사람으로 이 명언을 퍼뜨렸다. 하지만, 그는 이 말을 1945년에 프랑스 레지스탕스 운동의 평화주의 측 참전용사 '슈바르츠 박사'(Dr. Schwartz)를 만났을 때 처음 들었다고 고백하였다.

55) 사회 과학자들은 유토피아 사회 운동이 실용주의에 비판적인 점을 주목한다. 이에 관한 연구로는 다음을 보라. Harry W. Laidler, *History of Socialism*, rev. ed. (New York: Crowell, 1969). 사회 철학자들도 세계관에서 이와 유사한 역학을 발견한다. 이상적 사회에 관한 가설적 서술은 사회비평의 옛 형식이다.

고 말하는 것은 너무 왜곡되어 변호할 가치가 없다. 우리는 위험을 계산하거나 어느 정도 절충하면서 이 땅에서 거룩한 성에 닿을 수 없다. 다만 믿음의 도약으로 가능하다.

어떤 이들은 자신들에게 얼만큼의 창의성과 용기가 있는지 잘 계산한 뒤 행동하면 십자가를 피할 수 있을 것이라 생각한다. 그러나 이들은 자신들의 타협책이 효력을 증가시킬 것이라는 사실을 입증하지 못한다. 순수한 유토피아 윤리는 결과가 아니라 일관성으로 검증받기를 요청한다. 그럼에도 우리가 아는 한, 그것은 유효성을 목표로 추구하는 것만큼이나 유효하다. 예수께서 하나님나라를 위하여 우리가 모든 것을 버릴 때, 나머지 모두를 우리에게 더하신다고 말씀하시지 않으셨는가? 또한 암묵적으로 다른 것들을 먼저 구하는 자들이 '다른 것'들과 하나님나라 모두를 잃게 될 것이라고 말씀하시지 않으셨는가?

그렇다면 우리가 전쟁을 거부하는 행위가 어떻게 세상을 증진시키는가에 관해 깊이 고민하며 전쟁 거부에 대한 우리 입장을 옹호할 현실적 이유가 없다. 또한 만일 우리의 전쟁 거부가 약간이라도 일관성을 잃을 경우 어떻게 더 책임을 지거나 이를 용인할 수 있는지 계산할 필요도 없다.

이 견해는 경멸적 어조가 아니라 서술적 의미에서 '순수주의'라고 부를 수 있는데, 이는 결백함의 순수성이나 완벽한 성취를 주장하기 때문이 아니다. 적대감을 합리화하는 모든 것이 금지되는 질적으로 새로운 관계를 제시하며 요구하기 때문이다. 이는 정언명법의 요구이다. 내 행동이 내가 반드시 지켜야하는 준칙을 따르게 하고, 만인이 이를 따르게 되면 새 질서가 이르게 될 것이다.

공리

이 견해의 저변에는 우리 모두가 사랑의 도시를 위해 존재하고, 우리는 그곳에 양보와 타협의 문으로 들어갈 수 없다는 믿음이 깔려있다. 우리는 그 도시가 현실이 되기까지 쉴 수 없다. 우리는 그곳에 현실과 타협함으로써 이를 수 없고 상징적인 방법으로 미래를 현재에 실현시키는 신앙의 고백으로 도달할 수 있다.

약점

이 견해가 책임이라는 기준을 받아들이지 않는다고 반대하는 사람은 없다. 대신 유토피아 평화주의자는 책임이라는 기준 그 자체가 자기 정당화가 되어 결국은 자멸적인 우상이 된다고 주장할 수 있다. 이 입장은 투자대비 산출량을 계산하는 서구의 전형적 실용주의자의 승리적 태도에 있어 큰 효과가 발생하지 않는다. 그러나 그런 식으로 계산하는 것 자체가 이미 우리가 현대인들을 자유롭게 도약하도록 돕는 일에서부터 오는 아픔의 일부가 아닌가?

이 입장의 한 가지 약점은 그러한 도전을 받아들이는 사람에게 있어서 아무런 도움이 없는 듯이 보인다는 데 있다. 이는 자신들이 거부하는 바로 그 사회 체제에 기생하는 듯이 살아가는 새로운 형태의 수도원에서의 피정처럼 보인다. 만일 이상적 사회가 우리가 살고 있는 사회와 순수하게 부정적인 관계만을 맺고 있다면, 당신이 판단하는 그 이상은 어디서 얻은 것인가? 가능한 이상들 중에서 어떤 것들이 현재 옳다고 여겨지는 데서 비롯한 것이며, 어떻게 그것을 알 수 있는가? 당신은 현재 체제와 대화하기를 거부하는 만큼이나 이와 더불어 일하면서 현 체제의 타락한 양심을 더욱 강퍅하게 만드는 것 아닌가?

순수주의적 견해는 거부하는 자신들의 견해는 설명할 수 있으나 연관성에 대해서는 그렇지 못하다. 혁명 정신은 제도화될 수 없다. 만일 60년대의 '신좌파'가 90년대에 있다고 한다면, 그것은 더 이상 새롭지 않다. 이 견해가 제기하는 물음은 평화주의나 사회의 악한 권력에 대한 판단에 있는 결점 보다는 인간 본성에 대한 한결 광범위한 비전과 순수주의자의 도덕적 자아의 선함을 믿는 결점에 있다.

그럼에도 불구하고

유토피아와 종말은 여전히 가장 강력하고 확실한 변화의 수단이다. 역사를 면밀하게 깊이 들여다보면 이러한 방향을 가리킴을 알 수 있다. 예수의 말씀대로 만일 자기충족이 자기망각에서만 발견되기 때문에 실용주의적 공리주의가 자멸적이라면, 사회 도덕적 측면에서 이에 대한 비유가 있을 수도 있지 않겠는가?56) 가장 올바른 행동은 바로 그 행동의 영향이 가장 잘 잊혀지게 되는 데 있을 수도 있지 않은가? 믿음이 적은 자들의 신중한 계산에 대한 책임을 부인하려는 순간 하나님의 주권이 윤리학에 접어들 수도 있는가?

---

56) 마가복음 8:35와 그 병행구들을 보라. "누구든지 자기 목숨을 구원하고자 하면 잃을 것이요 누구든지 나와 복음을 위하여 자기 목숨을 잃으면 구원하리라."

결국에는

이 유토피아 평화주의는 우리가 민족 자결권을 보호하며 강제로 피난민들을 만들어 내거나 괴뢰 정권을 지지하며 민주주의가 성장하도록 한다고 말하는 수사보다 비이성적 신앙의 도약에 의탁하는 정도가 덜하다. 이상적인 전쟁이 없듯이 유토피아적 제도도 없다. 대서양헌장 혹은 윌슨의 14개 조항은 유토피아적 문서인데, 역사적 현실과 책임 있게 맞물린 것도 아니며 요한계시록 20장에 나오는 새 예루살렘의 비전도 아니다. 전쟁이 장래의 약속을 도모하고 상정한 적에 대해 흑백논리로 생각한다는 점에 있어서 전쟁은 유토피아적이다.

전쟁의 유토피아적 성격은 과거에 반복해서 보이는데, 우리가 악한 국가를 격퇴한 후에 선한 군대는 집으로 돌아갈 수 있다는 전제를 실제로 시행했던 데서 나타난다. 미국에서 우리는 파나마 침공이 그 국가에 자유와 번영을 안겨주었다고 들었다. 페르시아 걸프전은 '새로운 세계질서'를 발족하기 위함이었다.

전쟁의 수호자는 유토피아주의자인데, 이는 한 국가가 대체로 상업적, 군사적으로 해외에 주둔함으로써 세계의 도덕 지도력을 행사할 수 있는 세상이 가능할 것이라는 믿음이 있기 때문이다. 이는 잔학 행위 없이도 전쟁에서 승리할 수 있다는 믿음을 지속적으로 표명하기에 유토피아주의자이다. 이는 평화 합의에 있어 유일한 걸림돌은 상대방의 이해할 수 없는 완고함이라고 믿기에 유토피아주의자이다.

이러한 모든 차원에서, 즉 지금 미국 사회를 언급함에 있어 미국의 해외 정책을 좌우하는 것은 순수주의자의 비전이다. 그런 순수주의는 착한 놈과 나쁜 놈을 인종적으로 쉽게 알아볼 수 있고, 착한 놈의 수중에서는 폭력이 끝없이 정당화되는 서구 소설이나 영화에 녹아있는 도덕성의 산물이다.

제9장
덕스러운 소수 집단의 평화주의

갱생한 사람은 전쟁에 참여하지도, 다툼에 끼어들지도 않는다.
우리는 철기로 된 칼과 창을 바로 저들에게, 아아, 인간의 피와
돼지의 피를 거의 동등한 가치라고 생각하는 이들에게 맡긴다.
메노 시몬스(Menno Simons), 1539년.

교회는 정부를 위해 기도하며 감사한다.
또한 교회는 전쟁에 대한 가책을 정부에 분명히 증언한다.
그러나 정부를 움직이려는 일체의 시도는 하지 않으며
외교 정책의 특정 부분과 관련해 어떤 길을 따라야 한다는
요구도 하지 않는다. 다만 교회는 신약성경이 하나님나라에 속한
갱생된 구성원으로 가리키는 기독교인들에게 요구한다.
가이 허쉬버그(Guy F. Hershberger), 「전쟁, 평화, 무저항」

콘스탄티누스 이후, 우리가 올바른 행동이 무엇인지 물을 때 만인에게 적용되는 일관된 기준을 찾으려 하는 것이 만인의 윤리적 사상에 전제된 일반적인 반응이다. 이렇게 묻는 것은 언제나 공정한 검증으로 여겨진다. "만인이 이렇게 하면 어떠한가? 당신은 만인에게 이를 요구할 수 있는가?"[57] 일반적으로 이런 사고방식은 전쟁의 합법화를 옹호하는데, 이

---

57) 이 논리를 더 상세히 보려면 나의 소논문을 참고하라. "The Constantian Sources of West-

는 자명성은 사회를 구해야하기 때문이며 많은 사람들은 희생적으로 살아가기에 준비되어 있지 않기 때문이다.

우리는 전쟁이 요구하는 희생이 궁극적으로 비폭력적 사랑이 요구하는 희생보다 훨씬 더 쉬운지 의문을 가질 수 있다. 우리는 전쟁이 실제로 사회를 구해내는지 의심할 수 있다. 그러나 그런 논증은 지금 우리의 관심사가 아니다.

대신에 간단한 논리적 근거에서 우리는 만인을 위한 동일한 윤리가 있다는 공리에 의문을 제기하려 한다. 똑같은 질문이 여러 종교적 전통에서 서로 다른 형식으로 제기된다. 로마 가톨릭에는 '복음삼덕'evangelical counsels이라는 오래된 전통이 있다. 이런 지침들은 사람들 앞에서 단지 법을 지키는 도덕성과 구별되는 정도의 도덕성을 요청한다. 청빈과 적을 사랑하는 것은 모든 사람이 해야만 하는 것은 아니지만 누군가 그렇게 한다면 좋은 것이다. 모두가 이 정도로 살아가도록 초청받지만 모두가 그렇게 살도록 요구받지는 않는다. 수도사들은 이런 권고를 따라 실제로 그 정도로 살아갈 수 있을 것으로 기대되지만 이는 법이 강제하지도, 모두에게 기대되는 것도 아니다.

경건주의자와 웨슬리 전통에는 '그리스도인의 완전'Christian perfection의 개념과 유사한 어떤 것이 있다. 이 역시도 모든 사람들에게 기대되거나 주어졌다고 여겨지지 않는 도덕적 존재로서의 수준, 그러한 수준에서 비롯되는 행실이다. 이런 수준의 삶은 요구의 문제가 아니라 매우 특별한

---

ern Social Ethics," in *The Priestly Kingdom* (Notre Dame: Notre Dame University Press, 1985), pp. 135-147.

은사이다.

일반적으로 프로테스탄티즘은 이런 종류의 소수 집단의 도덕성의 비전이 분명하게 나타나지는 않는다. 그것은 주류 종교개혁의 주요한 강조점 일부를 역행한다. 그러나 실제로는 대부분의 프로테스탄트들은 자기 자신들에게서 보다 목사와 선교사에게 더 높은 수준의 온전함과 이타성을 기대한다. 이는 교회가 목사와 선교사뿐만 아니라 그들에게도 그런 수준의 삶을 요구할 권한이 있다는 것을 전제한다는 사실을 분간할 수 있다.

다른 형태로 프로테스탄티즘 내부의 자유교회free church 혹은 신자의 교회believers church 전통의 윤리 역시 모든 이들을 위한 윤리가 아니다.[58] 예수 인성의 모범을 따르는 제자도는 그 대상이 기독교인이든 아니든, 그들이 알아듣든 그렇지 못하든, 모든 사람들을 향한 부르심이 될 수도 있을 것이다. 그러나 교인들이 이 부르심에 응답하여 제자도를 따르기로 헌신할 때, 개인의 삶과 교회의 실천 속에서만 구체적인 기대가 될 수 있다.

신자의 교회는 성인 교인들의 자발적으로 모여 이룬 공동체인데, 그들은 모든 기독교인들이 완전한 제자도에 헌신해야만 한다고 생각한다. 그러나 그런 헌신을 다짐하지 않은 타인에게 동등한 삶의 질을 기대하는 것은 의미가 없으며, 그렇기 때문에 제자도를 타인에게 강요하는 것은 부적절하다. 비기독교인들이 신자들과 동일하게 용서와 갱생이 주는 힘, 성령의 인도하심, 동료 신자들의 권고를 의지할 수는 없다. 기독교는 모두를

---

58) 이것들은 중세 기독교의 행태에 대해 가장 비판적이었던 개혁주의 운동에 역사가들이 붙인 이름들 가운데 하나이다. 메노나이트, 침례교도, 퀘이커 등이 있다. 나의 책을 참고하라. "Radical Reformation in Ecumenical Perspective" in *The Priestly Kingdom*, pp. 105-122.

위한 것이지만 기독교 윤리는 기독교인에 대한 정상적이고 자연스러운 기대이다.[59]

소수 집단 도덕성의 이러한 유형은 복음의 수준에서 살아가는 사람은 살인을 금해야 했던 중세에 이미 분명히 드러났다. 가톨릭 교회법에서 이는 여전히 성직자와 수도사들에게 적용되며, 일부 국가에서는 법으로 규정된다. 아마도 이는 서구 사법 체계 속의 양심적 병역 거부자들의 문화적, 정서적 근원을 보여줄 수 있을 것이다. 그러나 이후 이런 권한은 다른 용어로 자신의 입장을 설명하는 사람들에게까지 확장된다.

공리

이 관점의 저변에는 도덕의 상황을 하나님의 부르심에 대한 자유로운 언약적 응답에서 찾는 이해가 깔려있다. 이런 즐거운 교제 속에서 삶은 개인의 공로와 입증 가능한 결과에 대한 걱정에서 자유하다. 선은 세상을 옳은 방향으로 나아가게 하는 약속이 아니다. 선은 하나님께서 자신을 은혜롭게 나타내심에서 볼 수 있는 하나님의 본성에 대한 응답 안에서 경험되며, 세상이 나아가야만 하는 하나님의 본성 속에 이미 참여함으로 경험된다.

첫 단계는 도덕이 만인에게 적용 가능한지에 관한 여부를 검증하는 시험을 통과해야 한다는 속박에서 벗어나도록 하는 것이다. 그 후 처음으로

---

59) 이는 신자든 비신자든 상관없이 많은 선행을 할 수 있을 것이라는, 혹은 그러한 행동이 매우 유사한 방식으로 '선할 수' 있다는 사실을 완전히 부정하는 것이 아니다. 그러나 선행을 했을 때, 그 선이 순수한 은사이지 우리가 의지하거나 요구할 만한 어떤 이유가 있어서가 아니다. 자유교회에서 제자의 순종은 다르다. 그것은 언약적 헌신이다.

우리는 선행을 비판적 결의법과 전혀 다른 질문으로 볼 수 있다. 우리는 그런 행동이 바로 하나님의 선하심에 순종하는 본질임을 볼 수 있다. 이 것이 이번 장의 소제목이 언급하는 덕스러운 소수 집단이 의미하는 바이 다.60)

윤리가 보편적이지 않다는 사실을 인정할 때에만 우리는 어떤 종류의 행동이나 성격에 내재해 있는 선과 덕의 개념을 건전한 방식으로 마음껏 사용할 수 있다. 이런 사고방식은 성경이 구체적으로 나열한 덕과 악덕의 목록 뿐만 아니라 성경의 언어 자체가 요구하는 것이다. 그것은 단지 수 도원적 자기 훈육의 전통 뿐만 아니라 현대인이 자기 수양에 사용하는 스 토아 자연주의에 의해서도 강력한 지지를 받는다. 폭력은 피해야 할 악덕 이다. 비폭력이나 온유함이 덕이며, 우리는 이를 계발해야 한다.

약점

이런 유형의 소수 집단 평화주의에는 결점이 있다. 이 입장의 지지자들 이 다수 집단에서 떨어져 나오게 되면 그들은 다수 집단의 이해에 따른 타협안을 묵인하게 될 수 있으며, 이에 따라 그들의 비판적 목소리는 감 퇴된다. '수도자' 같은 소수의 사람들은 소수로서의 지위를 인정하고 그 것을 모든 사람들을 향해 삶으로 전해야 할 사명으로 여기기보다는 오히 려 그 속에 안주하며 자부심을 느끼며 구별됨을 만끽할 수 있다. 이런 유 혹은 내재되어 있고, 특히 성직자와 평신도, 교회와 세상이라는 두 가지

---

60) 여기서 우리는 덕이라는 용어를 자발적인 공동체의 특성으로 사용한다. 우리는 뒤에서
   (18장) 현대의 윤리 사상에서 명확한 개념으로서의 덕의 위치를 살펴볼 것이다.

수준의 도덕론, 즉 의도적인 이중적 기준을 세우고자 할 때 그러하다.[61]

이와 완전히 비슷한 유혹이 소수 집단 도덕성의 분파주의적 프로테스탄트 형식에 붙어 다닌다. 소수 집단은 에큐메니컬적인 면에서 무책임해지고, 다른 기독교인들의 헌신이나 관심사, 혹은 필요에 쉽게 무관심해질 수 있다. 덕을 추구하는 행위는 때론 실용주의적으로 닻을 내리지 못하고 몽매주의자가 되거나 자기중심적이 되거나 독선적이 되기도 한다. 자기 자신의 영혼 구원을 위해 남에게 등을 돌린다. 따라서 너무 쉽게 소수 집단의 무능을 받아들임으로써 더 넓은 세상에서 어떤 선도 행하지 못할 수 있다.

이런 소수 입장이 대개 함축하고 있는 것 중 하나는 다수의 사람이 스스로 거절하는 바로 그 입장을 암암리에 승인한다는 사실이다. 수도사적 도덕에 대한 가톨릭의 이해는 이와 마찰이 없다. 이 전통에 속한 사람은 자발적으로 선택한 규칙을 만인의 도덕 의무와 동일하게 여기지 않는다. 그들은 역사적 평화 교회Historic Peace Churches 안에 있는 그리스도인들에게 그런 소수의 입장을 인정하라고 말하고, 그 안에서 인정받으라고 한다. 그러므로 소수의 입장은 나머지 사회가 타협책으로 평화롭게 안주하지 못하도록 해주는 시끄러운 잔소리꾼이 될 수 있다.

평화 교회를 위한 소명적 역할에 대한 이런 이해는 현대 교파주의의 상대주의적 혹은 다원주의적인 분위기에 의해 촉진된다. 옳고 그름에 관한 객관적 질문이 광범위한 여러 전통들 때문에 상대적으로 변하면서 각각의 견해는 자기만의 고유한 역사에서 도출된 진리를 주장하게 되었다. 누

---

61) 우리는 16장에서 이 이중적 가능성에 대해 더 살펴볼 것이다.

구도 자신의 견해를 남에게 강요하지 않는다는 조건 하에 각각의 견해에 약간의 진리가 있다고 볼 수 있을 것이다.

교파적 다원주의 안에서 민주적 자제력에서 발생하는 것은 일부 현대 프로테스탄트 신학에서 헌신적 상대주의committed relativism가 된다. 이러한 불확정성은 진리 자체가 확고한 기반이 없고, 다만 여러 입장들과의 상호작용에서 나타난다는 관점에서 찾아볼 수 있다. 다양한 입장들은 '유효'하거나 '믿음' 직스럽거나 '충분' 하다고 할 수 있겠지만 어떤 것도 특별히 진실이라고 할 수는 없다. 이런 정신에서 1930년대 이후 많은 비평화주의자들은 기꺼이 평화주의자들에게 예언적 혹은 소명적 역할을 내어주었다.62) 비평화주의자들은 평화주의자들이 결국 세상에서 현실적인폭력적 일을 해야만 하는 이들에 의해 부결되는 것을 언제나 받아들인다는 조건 하에 이를 인정한다.

궁극적으로 다수의 용어로 정의된 소수 집단의 인정은 도덕적으로 만족스럽지 못하다. 그것은 다수 의견을 인정하는 꼴인데, 다수 집단에게 타협의 입장은 정당화된다. 그것은 복음에 신실한 입장이 현실의 삶에서 실천될 수 없다는 사실에 동의한다. 게다가 이 견해는 개인이나 집단이 도덕적으로 우월하다고 인정되는 '동떨어진' 견해에 안주하며 독선의 위험을 자초한다. 동시에 상호 관용이라는 꺼풀 아래 자신들의 견해를 남에게 효과적으로 권해야 할 사명에서 벗어난다.63)

---

62) 뒤에 나오는 위글(Weigel)과 루이(Lewy)의 문헌을 인용한 16장의 각주 87번을 참고하라. 이들은 사회적 관련성이 가장 적은 유형의 평화주의를 가장 존중한다. 폴 램지와 라인홀드 니버도 그런 존중을 긍정한다.

63) 특히 이 경우에 있어 문화적 혹은 지리적 이원성을 나타내는 관점이 돋보인다(14-16장

'소명적'이라는 꼬리표가 붙는 평화 교회 교인들은 이를 자신들의 신념과 그것이 가지는 사회와의 관련성을 동료 신자들과 세상에 분명히 전하는 데 실패한 것을 감추려는 의도로 사용한다. 그들은 자신들의 삶의 지침으로 예수를 인정하지만 예수를 우주의 주로 인정하지는 않는다. 그럼에도 그들은 일관된 입장이라는 평판을 얻는다.

그럼에도 불구하고

그러나 신약성경의 도덕은 소수 집단의 도덕이며, 이는 기독교 교회가 진정한 진정으로 선교적이지만 동시에 비동조적으로 살아가는 어떤 곳이든 똑같을 것이다. 소수 집단의 평화주의는 영적 혹은 교육적인 근본이 없는 모든 사람들에게까지 그런 수준의 행실을 강요하려는 청교도적 율법주의로 나아가지 않는다. 또한 누군가 어떻게든 해야 될 일을 할 것이기에 아무런 행위나 허용하려는 구실을 만드는 자유주의적 율법주의도 예방한다.

단지 비판가들의 생각 속에서만 비동조적인 소수 집단이 사회적 효과를 단념한다. 이 견해는 적어도 특정한 때와 장소에서, 특정한 방법으로 의미 있는 소통을 전제한다. 이에 대한 현대의 좋은 예는 가톨릭 노동자 운동Catholic Worker movement의 핵심 정신인 도로시 데이Dorothy Day이다.64) 두 세기에 걸쳐 그녀는 자선 운동의 핵심이었으며 법적 지위도 없고 안정

을 보라). 이 경우 성 프란시스코나 가톨릭 노동자의 집(Catholic Worker houses)과 같이 소수 집단이 사회 속에 거하며 그 사회 관습을 비판할 때 이원적 위험성이 감소한다.

64) 코넬(Cornell)과 포레스트(Forest)는 다음 책에서 이 운동이 전하는 메시지의 비전을 요약한다. *A Penny a Copy* (New York: The Macmillan Company, 1968).

적인 지지자도 거의 없는 사회적 비동조자였다. 그러나 제2차 바티칸 공의회에서 주교들은 그녀의 주장에 응답하였다. 이는 그녀의 헌신의 진실성과 상징적 탁월성 때문이었다.

결국에는

이처럼 SS 요원이나 그린베레 부대의 윤리와 같이 전쟁에도 소수 집단의 윤리가 있다. 특별 군 조직원, 공수부대, 해병대, 여러 종류이의 특수부대, 서구 영화와 스파이 영웅 등 이런 사람들이 언제나 존경을 받고 질서 사회에서 방관할 수 없는 도덕을 수호했다고 공적으로 상을 받는다. 이 경우 자축에 녹아있는 영적 위험은 전혀 중요하지 않다.

국제적인 범위에 있어서 엘리트적인 소명의 비전은 오래도록 전쟁을 합리화하는데 사용되어왔다. 그런 모델은 평화주의자의 특별인식이 전쟁 금지에 적용되는 경우보다 훨씬 더 파괴적이고 오만한 방식으로 적용되어왔다. 템플 기사단과 몰타 기사단, 백인의 의무white man's burden, 공산주의에서의 아시아 구명 운동 등 이러한 모든 것들은 다른 국가나 사람에게는 없는 독특하고 올바른 소명이라는 인식 아래 전쟁을 합리화하였다.

제10장

정언명법의 평화주의

이 세계의 나라들이 주 그리스도의 나라가 될 것이다.

H. J. 캐드버리(Cadbury)

일반적인 서구 정신에 있어서 다음과 같은 질문이 어떤 윤리적 의무를 제일 유용하게 검증해줄 것이라는 사실은 현실적으로 자명하다. "만인이 이를 행한다면 어떠한가?" 기독교 국가의 유산 안에서, 옳고 그름에 관해 논할 때 만인이 들을 것이고 또 실제로 순종해야 할 것이라는 사실이 전제되는 것은 현실적이었다. 신학자들이 서양 기독교 문명 전체를 위한 도덕 사상을 제시할 것이며, 기독교 교회가 권위 있는 도덕 선생으로 인정받을 것이라는 사실이 전제되었다. 이는 모든 도덕 판단에 대한 두 가지 검증을 요청하였다. 그것들은 대체로 결과에 있어서는 유사하지만 논리에 있어서 구분되는 것이다.

▪ 그것이 공공 정책이 된다면 어떠하겠는가? 왕이나 대통령이 이를 행한다면 어떠한가?

▪ 만인이 그리한다면 어떠한가?

앞서 우리는 공공 정책으로만 성취될 수 있는 사전 목표 설정과 연관된 이런 유형의 전제가 가진 영향을 언급했었다. 사람들은 얼마나 많은 사람들 혹은 집단에게서 이타성을 기대할 수 있는지 궁금해한다. 그런 논리는 폭력뿐만이 아니라 계층적, 국가적 이기주의가 가장 자명하게 합리화될 수 있도록 한다. 이런 이유로 우리는 앞에서9장 이러한 일반화의 가능성에 대한 기독교 국가의 논리의 가정은 결코 자명하지 않음을 지적하였다. 기독교 윤리는 그와 다른 일련의 질문들로 검증될 수 있어야 한다고 말하는 것이 더욱 적절할 것이다.

- 만인이 그렇게 하지 **않는다면** 어떠한가?
- 기독교인들이 행하는 것이 공공 정책이 **아니라면** 어떠한가?
- 무슨 일이 있을지" 우리가 계산할 필요가 없다면 어떤 행위가 본질적으로 '옳은가'?

내가 도덕 논리에 있어서 일반화 가능성의 기준의 한계를 꼬집긴 했지만, 이는 집단 이기성의 보편성그리고 결과적으로 따르는 정당성을 인정한다는 말이 아니다. 또한 이 '기독교 국가적' 사고방식이 항상 폭력적 입장을 선호한다고 인정하는 바도 아니다. 임마누엘 칸트Immanuel Kant는 자신이 '정언명법'이라 부른 것을 이렇게 표현한다. "네 행동을 만인이 해도 좋다고 생각한다면 하라." 이 말을 통해 그가 의도한 바는 만인이 기꺼이 따르지 못할 지상의 모든 이념들을 채로 걸러내기 위해서가 아니라 더 숭고한 목표를 일깨우기 위함이었다.

무언의 공리

이 접근법의 배후에는 내 고유의 이기심에 대한 선고를 버텨내는 가장 안전한 방법은 일반화에 대한 정신적 행위라는 전제가 놓여있다. 그 행위에서 나는 타인을, 혹은 만인을 도덕 행위자로 상정한다. 나는 내가 하려고 생각하는 행동을 만인이 했을 때 어떻게 보일 것인가라고 물을 수 있다.

'만인' 이라는 말로 우리는 "현재 존재하는 다수 집단"을 의미하기 보다는 "세상이 나아가야 할 길에 관한 우리의 비전"을 뜻한다고 **할지도 모른다**. 만일 그렇다면 우리는 1930년대의 자유주의적, 유토피아적인 평화주의의 많은 부분을 가장 진실하게 이해할 수 있다. 당신의 행동대로 만인이 행동하는 세상에서 살고 싶은지 아닌지로 당신의 행동을 시험해보라. 당신은 모든 왕자와 모든 의회가 자기 성질대로 보상을 청구하는 권한을 남발하는 세상을 바라는가? 그렇지 않다면 당신은 강요와 보복의 금지를 당신이 속한 공동체의 법으로 세워야 한다.

미국의 모든 사람들이 양심적 병역 거부자라고 생각해보라. 그렇다면 미국의 군사력만을 신경 쓰던 세계 각국의 정부에 미칠 미국의 영향은 크게 줄어들 것이 분명하다. 그러나 미국의 범죄율도 줄어들 것이다. 최소한 우리는 미국 도시들이 핵전쟁이나 침략군에 의해 파괴되지 않을 것임을 확신할 수 있을 것이다. 미국의 진실성은 국제 사회에서 더욱 장기적인 선한 결과를 도출할 수 있을 것이다. 평화적 방법으로 세계에 영향을 끼치고 우리 사회를 치료할 자금과 인력은 현재 연방 예산의 절반 이상으로 증가할 것이다. 이런 가설적 검증은 현실적 가능성이 매우 높지는 않겠지만 주장의 정당성을 분명히 보여준다.

약점

이런 종류의 추론은 논리적 구멍으로 가득하다. 이것이 처음 자명해 보였던 것처럼, 그것은 완전히 유익한 종류의 입증이 아니다. 대신에 우리는 양심적 병역 거부자들로 가득한 사회는 범죄가 적을 것이고, 군비지출이 없을 것이며, 사회 복지를 위한 엄청난 가용자원이 있을 것이라고 우리 자신을 일깨우며 이런 방식의 질문에 놓인 한정된 유용성을 손쉽게 극화시킨다. 내가 바라는 대로 만인이 나를 대접해주는 세상에서 살고 싶다는 말은 심리적 미성숙함의 표시일 수도 있다. 분명 그것은 우리가 정말로 묻는 어떠한 질문과도 직접적 연관이 없으며 구체적인 윤리적 판단을 해결할 어떤 근거도 없다.

그럼에도 불구하고

그러나 우리가 서구 세계에서 기독교적 도덕 사상이 사회의 많은 요소에 영향을 끼치고 있다는 사실을 어느 정도 인식하지 않는 것은 무책임한 일일 것이다. 그것은 헌신적인 기독교 공동체를 훨씬 넘어선 범위까지 영향을 미친다. 국제적 원조 혹은 시민권 입법, 교육권 확대, 소수의 권리보호에 대한 기독교적 호소를 분명히 듣게 되면 공적 효과가 나타난다. "만인이 그렇게 하는 세상에 살고 싶습니까?"라는 질문은 사회적 차원에서 황금률을 달리 표현한 것이라 볼 수도 있다.65)

---

65) "남에게 대접을 받고자 하는 대로 너희도 남을 대접하라"(눅6:13). 참고. 마7:12.

이 견해가 가진 논리적 함축은 우리로 하여금 만일 모든 나라가 세계 절반의 경찰이 되도록 소명을 받았다고 한다면 그 세상이 어떠할지를 비판적으로 질문하게 만든다. 아니면 모두가 군인인 사회는 어떻게 보일 것인가. 특히 이는 한 국가에 한정된 일반화의 가능성이 가진 불합리성을 깨닫게 되면 평화주의적 함축이 분명해진다. 이 나라에 사는 모든 사람이 양심적 병역 거부자라고 해보자. 그렇다면 가설적으로 이와 똑같이 기적적인 전환이 일어나 적어도 대부분의 다른 국가에 있는 많은 사람들이 지금보다 훨씬 더 평화스럽다고 느끼게 되는 것이 현실적일 것이다. 따라서 그들은 훨씬 덜 위협적이게 된다.

결국에는

이 견해는 여전히 전통적으로 호전적인 주장이며, 이는 그런 호소를 가장 손쉽게 이용한다. 평화주의자에게 "만인이 그렇게 행하면 어떠한가?"라는 질문은 "도둑이 … 한다면?"이라는 질문만큼이나 빈번하다.66) 이런 반대는 이 논증에 대해 많이 생각해 보지 않은 사람들에게 아주 자명할 정도로 설득력 있게 보인다. 비평화주의적 정신은 국가 전체나 지도자를 윤리적 판단의 적정한 주체로 만들고자 하는 어떠한 도전도 견디지 못한다. 그렇다면 만일 나머지 인류를 인식한다면, '정언적' 이성이 정말로 다른 방식으로 작동하는지를 살펴보는 것이 공정한 논의가 될 것이 분명하다. 다른 국가들이 우리처럼 행동하면 어떠한가?

---

66) 다른 질문들도 보이는 만큼 간단하지 않으며 자명하지 않다. 다른 내 책에서 상세히 설명하였다. 『당신이라면?』(대장간 역간).

제11장
절대적 양심의 평화주의

막시밀리아누스가 말했다.
"나는 군인으로 복무할 수 없소."
나는 악을 행할 수 없소. 나는 기독교인이오."
디온이 말했다.
"우리 주인의 수행원 중에는 … 기독교인 군인이 있소."
막시밀리아누스가 대답했다.
"그들은 자기 행위에 대한 책임을 져야 할 것이오."
막시밀리아누스는 사형 선고를 받았으며 형은 곧장 집행되었다.
숭고한 순교자 이야기, 295년.

　인성의 일부에, 아니면 적어도 어떤 사람들의 인성에는 옳고 그름에 대한 부인할 수 없고, 반박할 수 없는 직관적 신념이 있다는 사실은 분명하다. 이 '양심'은 경험과 교육을 통해 내용을 채우며 자라난다. 그러나 양심의 신속성과 더불어 어떤 쟁점에 대한 양심의 관심이 개인에게 언제 얼마나 깊은 영향을 미칠지는 교육적인 요소로 충분히 설명되지 않는다.

　이 양심은 모든 종류의 논증을 사용하여 자신을 표현하고 시간이 흐름에 따라 모든 종류의 논증에 의해 교정된다. 그러나 순간적인 확실성이 필요할 때에는 양심의 소리에 순종하는 것은 이론의 여지가 없으며 여타의 다른 기준에 의해 검증될 수도 없다. 양심의 즉각적 신념은 일반적인 도덕 사상과 특별한 결론 사이의 논리적 연결을 간단하게 만든다.

공리

미국에서 현재 사용되는 양심의 용례 저변에는 한 사람의 양심이 개인이 의심할 수도 설명할 수도 없는 방식으로 '예' '아니오'를 답하게 한다는 가정이 깔려있다. 정부가 양심적 병역 거부를 인정할 때 존중하는 것은 그런 즉시성과 헤아릴 수 없는 절대성이다. 근래 미국의 경우처럼, 정부는 자신들의 입장을 너무도 명료하게 진술하거나 다양한 상황 속에서 선택적 신청을 하는 양심적 병역 거부자들을 인정하지 않는 편이다. 그것이 즉시적이고 비이성적 입장이 아니라면 정말로 어떤 사람들은 그것을 양심으로 인정하지 않는다. 양심적 병역 거부자의 입장이 지나치게 합리적이고 선택적이라면 그것은 "양심적이 아니라 철학적인" 것으로서 거부된다.

그러므로 대부분의 전통적 윤리 체계는 심지어 양심이 틀렸다손 치더라도 양심의 지시를 따르는 것이 개인의 의무라고 가르친다. 개인의 온전함은 모든 도덕의 선행 조건이다. 따라서 불충분한 정보가 있을 때 우선에는 양심의 틀린 가르침에 순종함으로써 온전함을 유지하는 것이 틀렸다고 생각하며 객관적인 올바름을 실천하면서 양심에 상처를 내는 것보다 낫다.

약점

이 견해에는 심각한 한계가 있다. 그것은 양심 외부에 있는 신학적 혹은 도덕적 규준에 영향을 받지 않는다. 그러므로 자율적 양심은 복종만큼이나 맹신적이다. 양심에만 의거하여 주장하는 사람들은 다른 종류의 도덕적 의무와 공동체를 벗어난다. 그들은 완전히 진실하면서 완전히 그릇될 수도 있다. 그들은 옳은 일을 하면서 웬일인지 옳지 않다고 느낄 수 있다.

그럼에도 불구하고

그러나 사회에서는—기독교 교회와 같은, 모두가 일반적 원칙과 구체적인 선택 사이에 놓인 모든 연결 사슬을 항상 재검할 수 있는 능력을 갖춘 전문적인 윤리학자가 될 수는 없는 노릇이다. 그러므로 양심과 같은 지름길은 없어서는 안 될 요소이다. 우리가 계속해서 작업을 해간다면 거기에는 끊임없는 재검토가 아니라 확실성이 있음이 분명하다. 양심을 지키는 일은 합리적인 것 이상이어야 하는데, 그렇지 않다면 모든 힘을 주변을 정리하고 구멍을 막는 데 써야할 것이다.

누군가는 양심을 설명할 수 없는 하나님의 목소리 또는 개인이 가진 사회적 기억의 정수라고 여길 수도 있다. 어찌됐든 그런 논리적 지름길은 개인에게 "나는 달리 행동할 수 없다"는 또렷한 말을 하며 개인의 도덕적 온전함을 존중하며 촉진시킨다.[67] 이것은 경직되고 아무 의심 없는 양심

---

67) 1521년 마틴 루터가 보름스(Worms)에서 한 말을 참고하라. "제가 여기 서 있습니다. 저는 달리 행동할 수 없습니다."

이나 인위적으로 유지되고, 끊임없이 고뇌하는 개방성 둘 중 어느 것보다 사회적으로나 심리적으로 훨씬 더 건전하다.

결국에는

이 대안은 행동 양식이나 주위 사회의 법적 요구를 똑같이 비이성적이고 무책임하게 수용하는 것처럼 보인다. 국가가 시키는 것이 무엇이든지 양심적으로 수행하는 것은 불가해한 자기 직관의 지시에 따르기로 다짐하는 만큼이나 하나님 앞에서 도덕적으로 이해하기 어렵다.

제12장
구속적 인격주의의 평화주의

사람들이 정부에 의존한다기보다 정부가 사람들에 의존한다.
사람을 선하게 만들라. 그렇다면 정부는 악해질 수 없다.
정부가 병든다면 그들이 치료할 것이다. 하지만, 만약에 사람들이
악하다면, 정부를 더욱더 선하게 하라. 그들이 정부를 자신들의
입맛에 맞게 바꿔버리고 망쳐버릴 것이기 때문이다.

윌리엄 펜(William Penn), 1684

모든 악의 뿌리에 사람이 있다. 따라서 세상의 악이 변화되려면 반드시 사람이 변화되어야 한다. 인간은 자신들의 비참함의 표지인 악과 동종의 것에 의지해서는 바뀔 수 없다. 폭력은 악한 인과의 사슬을 유지하고 지속적인 증오와 파괴의 악한 굴레를 인간에게 선고함으로써 악을 영속화한다. 악에 맞서 악을 사용하는 것은 그 강도와 적절함과는 상관없이 문제의 뿌리에 다다르지 못한다.

우리가 여기서 말하는 '인격주의'는 '구속적'이다. 이것은 자신의 희생으로 새로운 시작을 가능하게 한다. 구속적인 인격주의는 악에 협력하기를 거부하고 악한 인과의 사슬을 끊으며 그 때문에 발생하는 고난을 스스로 짊어진다. 이것은 적대상태에 있는 사람에 대한 존중의 표시이다. 기

꺼이 고난당하려는 마음은 악의 규모와 그 악한 결과를 감내하지 않고는 그것을 정복할 수 없음을 인식함으로써 시작된다. 이런 형태의 비폭력은 그가 상대하는 사람의 양심에 호소한다.[68]

기독교인들은 이 견해를 취할 수 있다. 하지만, 다른 이들 역시 이 견해를 의미 있게 취할 수 있다.[69] 이 견해에 있어서 가장 실질적이고 신학적인 뿌리를 가진 기독교적 형태는 "모든 사람에게 하신 하나님의 말씀"에 대한 퀘이커들의 이해이다.[70]

기관적인 구조와 책임의 실체를 부정하지 않으면서, 이 인격주의는 대다수의 기관들의 한 가운데에서 한 개인 혹은 한 팀 혹은 한 파벌을 찾아낸다. 그들은 자신들의 이기심 때문에 전체의 방향을 나쁘게도 바꿀 수 있고, 그들의 새로워진 통찰을 통해 좋은 방향으로 바꿀 수도 있다. 책임자의 손에 기꺼이 고난당하겠다는 우리의 마음은 그들을 향한 존중의 증언이다. 때로 이러한 고난은 핵심적인 결정을 내리는 자들에게 그들이 억압하는 자들을 향해 무슨 일을 하고 있는지, 또 그들이 져야하는 책임은 무엇인지 알아차리도록 우리가 소통할 수 있는 유일한 방법이다. 이는 또

---

68) '양심에 호소'라는 문구는 특히 이탈리아인 간디주의자인 란자 델바스토 ('샨티다스,' 이 이름은 '평화의 종'이라는 뜻으로 간디가 델바스토에게 준 이름이다 역주)의 사상에 현저하다.

69) 간디, 킹, 란자 델바스토가 이 유형에 해당할 것이다. 하지만, 그들의 다른 강조점들은 5,6,9장에 묘사된 입장들에도 속할 것이다. 적을 설득하는 것에 대한 관심은 간디운동 안에서 자기 자신을 훈련하는 관심과도 긴밀히 연결된다(17장의 G를 보라). 간디가 스스로 시작한 금식은 억압자들로 하여금 그의 고난, 혹은 그가 죽을 수도 있다는 것에 대해서 죄책감을 느끼게 하려는 것이 아니었다. 그것은 간디와 자신의 추종자들이 자기 훈련에 실패했음에 대해서 스스로를 정화하려는 것이었다.

70) 특별히 지오프리 너틀(Geoffrey Nuttall)의 *Christian Pacifism in History* (Cambridge, Mass.: Blackwell, 1958), pp. 50ff., "The Dignity of Man"과 비교하라.

한 그들이 억압자가 됨으로서 스스로에게 무슨 짓을 하고 있는지 보여주는 유일한 길이기도 하다.

기저에 있는 공리

인격주의자에게 있어서 역사적인 구조는 역사적 구조의 차원에서는 해결될 수 없다는 점이 자명하다. 악은 이 구조에 놓여 있지 않다. 따라서 우리는 모든 문제를 해결할 수는 없다는 점을 받아들인다.다른 모든 이들이 자신의 틀 안에서 그렇게 해야 하듯이 구속적인 인격주의는 모든 문제를 해결할 수 있느냐 없느냐로 그 견해의 옳고 그름이 평가된다고 생각하지 않을 것이다. 다른 어떤 견해라도 그렇게는 할 수 없다. 그러나 만약에 사람들의 마음에 감동이 있다면 모든 문제들이 해결 될 수도 있다. 따라서 그들의 마음에 다다르는 것이 가장 중요한 과제이다, 많은 경우에 이것이 불가능할지라도 말이다.

약점들

이 견해는 사회적 전략으로서는 아주 심각한 약점을 가지고 있다. 아래에서 작동하는 것만을 수용하려하는 것은 기껏해야 느릴 뿐이며 때로는 패배주의적이다. 인간 본성의 내재적 구속 가능성을 근거 없이 신뢰하기 때문에, 이 견해는 사람을 얻을 가능성을 너무 쉽게 신뢰한다. 만약 이 신뢰가 사실에 근거한 것이라 간주된다면, 근원적인 악을 한번 경험하고 난 후에 이 견해는 약화될 것이다. 따라서 경험 외적인 신앙의 뿌리에 깊이 자리한 자들만이 이 견해를 고수할 수 있다.

이 견해는 인간 인격성에 관한 특정한 관점에 철학적으로 복속될 위험이 있다. 이 관점은 사회구조 앞에서 손쉽게 포기할 수 있으며 혹은 윗자리에서 책임을 지는 개인의 회심을 통해 모든 것이 완전히 뒤바뀔 것이라는 가능성을 너무 쉽게 기대할 수도 있다.

그럼에도 불구하고

그럼에도 불구하고, 인격주의의 대안은 존재하지 않는다. 개인들이 할 수 없는 일이라면 결국 발생하지 않을 것이다. 지배적인 구조와 기관들은 사람들이 하는 것을 증폭시키거나 꺾고, 휘거나 강하게 할 수 있지만 여전히 그 일들을 하는 주체는 사람들이다. 이 견해는 사람들은 중요하지 않으며 역사의 움직임이란 마치 구조적인 힘이 비인격적으로 서로를 밀어내는 기계와 같다고 생각하는 견해보다 좀 더 현실적이고 좀 더 유망해 보인다. 비록 스스로를 현실주의라고 부를지라도 이러한 전제의 이름은 절망이다.

개인적 경험을 인간화하는 것은 우리로 하여금 객관적인 근거가 없을 때에도 인간성을 신뢰하는 모험을 하라고 요구한다. 유일한 대안은 비인격적인 힘이 가장 유효하며 가장 강력하다고 전제하는 도박에 근거해서 사회를 운용하는 것이다.

결국에는

때로는 비인격적인 범주에 특별히 적을 비인격적으로 이해하는 방식을 호소함으로 전쟁의지가 정당화 될지라도 전쟁을 벌이는 데는 상당한 정도의 인격주의가 존재한다. 신문과 또 후대에 기록이 주요한 군인들에게 전설적인 위상을 부여할 때 우리는 그 안에서 종종 개인숭배를 발견할 수 있다. 전쟁과 외교를 다루는 역사가들은 특정한 전투 혹은 전체 전쟁과정의 결과가 한 개인의 주목할 만한 심리적 상태에 따라 결정되는 그 순간을 파헤치기를 좋아한다.71) 군사사업에는 "사람들의 마음을 얻기" 위한 강한 인격주의적 관심도 존재한다. 사령관들이 점령당한 사람들의 신뢰와 존경을 얻으려면 '강화조약' 과정에서 때때로 확고함이나 호의가 필요하다.

---

71) 톰 위커(Tom Wicker), *Atlantic Monthly* (May 1968)의 글 'The Wrong Rubicon: LBJ and the War,"와 비교하라. 이 글에 따르면 북베트남에 대한 폭격은 케네디 대통령의 암살 3–4일 후에 존슨(Johnson) 대통령과 랏지(Lodge) 대사 사이에 있었던 한 대화에서 결정된 것이다. 이 글은 "인격이 전쟁에 미치는 영향"이라는 작업의 일부분이다. 이글은 인격주의가 평화주의의 고유한 약점이 아님을 보여주고 있다. 미국이 파나마나 페르시아 걸프에서 했던 어떠한 경험도 이러한 인식을 바꾸지 않을 것이다.

제13장

제의적 법의 평화주의

비전투원들. 죄악된 세상에서 시민정부를 유지하는데
전쟁이 불가피함을 인정하면서도, 비전투원들은 사람의 생명을
취하는 것을 양심적으로 반대한다. 하지만, 그들은 전쟁에 참여하는
이들을 정죄하지는 않는다. 반면에 비전투원들은 사람의 생명을
취하는 것만 빼고는 전쟁 시에 모든 일관된 방식으로
자신들의 정부를 기꺼이 돕는다.
"제7일 안식일 재림파와 시민정부" 지침과 정보 매뉴얼에서

요즘 사용되는 한 용법에 따르면, 제의적이라는 단어는 합리적 설명을
전혀 추구하지 않는, 결과도 원인도, 일반적 원칙들과 동기도 계산되지
않는 기반 위에서 취해지는 견해를 나타낸다. '제의적' 견해는 단지 그 견
해를 취해야만 한다는, 그 이유는 그 자체로 계시되었다는 이유로, 그 판
단을 더 큰 의미와 가치의 체계와 연결시키지 않은 채로 취해진다.

예를 들어 이런류의 평화주의는 피를 흘리지 말라는 성경의 금지에 철
저히 순종하기를 추구한다. 이것이 제6계명이나 다른 곳에 구체적으로
기록되었다고 생각되든지 말든지 말이다. 그 의무는 절대적이다, 그러나

그 의무는 또한 임의적이다. 제7일 안식일 재림파처럼[72] 자신의 손으로 죽이기는 거부하지만 여전히 기꺼이 군사사업에 참여 할 수도 있을 것이다. 왜냐하면 그들에게 금지된 것은 직접 죽이는 행위뿐이기 때문이다.

공리

이 견해의 저변에는 순종의 근거가 되는 계시를 우리가 적절히 해석할 수 있다는, 따라서 계산이나 해석의 여지가 없다는 믿음이 깔려있다. 3장에서 보았듯이 기저에 있는 원칙들을 분별하거나 일관적으로 그것에 순종하려고 노력할 이유도 없다. 우리가 할 일이란 규칙들을 분명하게 지키는 것뿐이다. 계시가 말하지 않은 문제들에 관해서는 우리가 받은 원칙들을 확장시키거나 그것들에서 추론하려는 노력을 한다고 해서 하나님께 도움이 되는 것은 아니다.

약점들

이 견해에는 "계시된 원칙들"이라는 유사한 것에서보다 더 분명하게 나타나는 심각한 약점이 있다. 내부적 검증의 과정은 개인으로 하여금 한 윤리적 견해를 자신의 것으로 취하게 만든다. 그것을 자신의 것으로 하여 그 안에서 자신감을 가지고 살 수 있도록 말이다. 하지만, 만약에 우리가 어떤 설명이나 적용도 요구하지 않으면, 즉 만약 윤리적 의무가 임의적인

---

72) 아마도 더 넓게 사용되는 용법일, '제의적'이라는 덜 인류학적인 이해는 제7일 안식일 재림교의 모임에는 전혀 적용되지 않는다는 것을 서둘러 밝힌다. 이는 소수에게만 해당되거나, 비합리적이거나, 기만적이거나 반문화적이지 않다. 이장의 머리에서 인용한 말은 1960년대의 징병을 마주한 재림파 남자들에게 배포된 지침과 정보 매뉴얼에서 인용한 것이다 (Washington: National Service Organization, 1964-68, pp.11-12).

것이라면 이 관점은 약화될 것이다. 특정한 가르침에 대한 우리의 고유한 주장을 따르지 않는 외부 세계의 사람들에게 어떤 종류의 메시지를 들려줄 수 있을지도 분명하지 않다.

그럼에도 불구하고

절대적 원칙과 절대적 양심의 입장들처럼, 윤리적 의무에 대한 이 미처 다 자라지 못한 관점은 일반적인 것에서 구체적인 것으로 가는 가능한 지름길이 된다. 어떤 공동체나 개인들은 결정의 순간에 필요한 모든 지적인 차원을 살펴보는 호사를 누리지 못한다. 만약 도덕적 지침을 암묵적인 신앙으로서 받아들이게 된다면, 혹시나 그 규칙들이 생명에 대한 존중을 강화시켜준다면 덕분에 기뻐해야 할 것이다.

결국에는

생명을 존중하는 제의적 도덕주의의 유일한 대안은 동일하게 제의적이며, 임의적이고, 이해하기 힘들며, 보편화되기 힘든 애국주의의 의무인 듯 보인다. 제의적 차원에서 결정을 내리는 이들에게는 아마도 이것만이 유일한 대안일 것이다. 볼리비아의 체 게바라의 게릴라와 여러 경우에 "자유의 전사"들이 그 지지자들에 의해서 어떻게 도덕적이라고 평가받는지 주목하라. 이들 역시 효율성, 책임성, 도덕성에 대해 동일하게 무관심하다.

전투의 명령은 자기 충족적이다. 그 초월적인 뿌리는 비판의 대상이 되지 않는다. 만약에 내가 스스로에게 살인을 포기하라는 제의적 규범을 부여한다면, 이는 최소한 대부분의 전쟁처럼 나의 비합리적인 헌신을 위해서 다른 이들을 적극적이고 조직적으로 희생시키지는 않을 것이다.

제14장

문화적 고립의 평화주의

우리 가족은 언제나 메노나이트였다.
우리는 한 번도 전쟁에 참여한 적이 없다.
우리는 세상과 그 방식과는 전혀 상관이 없기 때문이다.
세상이 하는 일은 우리와 아무런 상관이 없다.
전쟁에 참여하는 것은 우리의 선조들과는 반대될 것이다.
메사추세츠 메노나이트 (Old Colony Mennonite)

우리가 언제 권세(롬13:1-4)가 하나님나라의 법에 따라서
다스려진다는 생각을 한 적이 있는가? …
우리의 창조자께서 자기 백성을 위해 법을 만드시고
권세에 대하여는 그와 다른 종류의 법을 만드셨다는 사실을 인정하자.
메노 셀(Menno D. Sell), Gospel Herald에 보내는 편지 73)

분리된 사회집단이 자신들의 하부문명을 너무나 편안하게 느끼고 외부
사회에서 심히 유리되어서 외부사회의 관심사나 가치를 전혀 매력적으로
느끼지 않거나 또 의무를 느끼지 않을 수 있다. 따라서 외부사회가 그 정
치적 질서로써 옹호하거나 그 자유를 위해서 기꺼이 싸우려고 하는 것을
변호할 자명한 의무 같은 것은 이 집단에게는 존재하지 않는다.

---

73) 1991년 4월 2일 발행된 *Gospel Herald* 4쪽에서.

모든 종족들은 고유의 언어와 요리하는 법, 삶의 방식 등이 있다. 다양한 시대와 장소에서 군복무를 피하는 것은 몇몇 메노나이트들의74) 문화적 특성이 되었을 뿐이다. 이 목적을 위해서 그들은 보편적 군사 훈련을 처음 시작한 나라들에서프러시아에서는 1780년대, 러시아와 알자스에서는 1870년대에 이주해 온 것이다. 플레인 코트, 마차, 혹은 독일어 방언과 마찬가지로 군복무 거부는 메노나이트 문화와 결부되어 수많은 세대를 걸쳐 신성한 것이 되었다.

하지만, 이 소수집단들은 자신들의 견해가 기독교인으로서 취할 수 있는 유일한 견해라고 주장하지는 않았다. 내內집단의 구성원은 이 민족 집단의 구성원이 아닌 이들에게 메노나이트의 관습을 요구하기를 주저 할 것이다. 그리고 많은 경우에 이들은 무저항 견해를 공유하지 않는 비-메노나이트인이 자신들 보다 덜 기독교인이라고 말하고 싶어 하지 않을 것이다. 이 관점에서 보자면, 메노나이트의 환경에서 자라지 않은 상당한 수의 사람들이 메노나이트의 정서를 설득력 있게 느낀다는 것은 다소 이상할 수 있다.

공리

이 견해에는 우리가 우리 자신의 고유한 정체성, 가족, 문화를 신적인

---

74) 북미의 메노나이트들, 특별히 올드오더, 메사추세츠 분파, 그들의 사촌격인 후터교도들은 이런 종류의 평화주의의 가장 현저하고 전형적인 예일 것이다. 하지만, 다른 전통들(몰로칸의 Old Order German Baptist Brethren)에도 이와 유사한 점이 발견된다. 많은 다른 인종-종교 집단이 평화주의가 아닌 특정 교리적, 문화적 혹은 인종적 이슈에서 유사한 태도를 취할 것이다. 이 견해는 논증을 통하지 않고 당연하게 받아들여진다는 점에서 16장의 견해와는 다르다.

선물로 받아들인다는 믿음이 깔려 있다. 한 개인이 된다는 것은 지역적, 교구적, 지방적이 된다는 뜻이다.75) 이들은 이러한 지역적 정체성을 하나님에게서 오는 선물로써 감사하게 받아들이고, 낯섦에도 불구하고가 아니라, 그것이 흔치 않으며 희한한 유산이기 때문에 소중히 여긴다.

약점

그러나 이 견해는 주변에 있는 세계를 향한 선교적인 책임을 전혀 인지하지 않는다. 이들은 자신의 견해가 폭넓게 받아들여질 가능성을 포기한다. 이 견해의 구성원들로 하여금 분리된 문화 안에 신실하게 남아 있게 한 바로 그 이유 때문에 외부자들 역시 삶에 대한 그들의 합리적, 군사적 틀 안에 신실하게 머물러 있게 된다.

나아가서 이 견해의 실제적인 약점은 인구 증가와 도시화 앞에서 고립된 공동체들의 문화적 장벽이 무너져 내리고 있는 상황에 있다. 소집단은 문화적으로 타협하지 않으면서 동시에 농산물을 팔고 필수적인 최소한의 공산품을 사려고 발전된 세계와 충분한 접촉을 하는 것이 점점 더 어려워진다는 것을 알게 된다.

그럼에도 불구하고

그러나 누구라도 인간이 되기 위해서는 어느 정도는 자신이 태어난 구체성과 한계를 받아들여야 한다. 한 개인이 도망쳐 가고 싶어 하는 넓은

---

75) 따라서 '주류'의 공리격인 질문인 "이것이 만인에게 적용되는가? (8장)는 완전히 뒤집어지게 된다.

세계 역시 언제나 구체적이며 지역적이다. 단지 그 규모가 클 뿐이다. 지역적이지 않은 기독교 공동체는 없으며 지역적이지 않은 더 넓은 인간성이란 것도 존재하지 않는다. 아미쉬와 후터교도의 문화들은, 주류 문화권의 외부에서 화석 연료가 다 닳아 없어질 때에도 생존할 수 있는, 서양에 남아 있는 가장 유효한 자기 충족적 공동체일 것이다.

결국에는

이러한 지역주의는 폭력을 피하며, 자신들의 기준을 타인에게, 심지어 자신들의 기독교적 견해를 다른 기독교인에게조차도 부여하기를 거부한다. 자신들의 분리됨을 옹호하려고 다른 이들을 기꺼이 파괴하려는 전사들의 폭력적인 지역주의보다는 이것을 더 선호해야 한다. 외부 세계의 일부분을 기꺼이 파괴할 수 있는 이들보다 더 심하게 자신들의 외부세계를 포기한 이들은 없다.

제15장
일관된 비타협의 평화주의

"우리의 싸움은 혈과 육에 대항하여 싸우는 것이 아니기 때문이다." 기
독교의 제자들이 이 땅에서의 전투와 싸움을 절대 해서는
안 된다는 것이 일반적인 원칙임은 더 없이 분명하다.
영적인 전쟁은 영적인 활동에만 적용된다고 주장하는 것은
아이에게 그 부모에게 순종하라는 명령도 주일에만 적용된다고
주장하는 것과 마찬가지이다.

제임스 그래험(James R. Graham), 『이방인과 순례자』

사회적 이원론자인 메노나이트들과 후터 형제회는 단순히 고립된 것이
아니다.14장 그들의 분리됨은 군사력을 반대하는 가장 적절한 개신교적
예로, 모든 세상적인 것에 대한 더 전면적이고 더 기본적인 반대에서 유
래한 것이다. 군대는 단순히 어쩔 수 없는 경우에 남을 죽이려는 기관만
이 아니다. 이것은 도둑질, 속임수, 간음, 교만, 거만, 권력에 굶주림 등76)

---

76) "전쟁에서 죽어 나가는 것은 개인들뿐이 아니다. 전쟁은 수백만의 사람들에게 도덕성
전체를 혹은 하나님의 명령에 순종하는 것을 모든 차원에서 의문시한다. 전쟁은 하나님
께서 금지하신 거의 모든 것을 아주 넓은 전선에서 행하고 있지 않는가? 효과적으로 죽
이려고 그것과 연결되어서, 전쟁을 행하는 이들은 훔치고, 강도질하고, 방화를 저지르
고, 거짓말하고, 속이고, 비방하고, 불행히도 매우 심각하게 간음을 행해야만 하지 않는
가? 훌륭하고 중요한 모든 순종을 거의 필연적으로 억압하게 된다는 것은 둘째하고서
라도 말이다. Karl Barth, *Church Dogmatics,* vol. III/4 (Edinburgh, 1961), p. 454.

대부분의 다른 죄들의 전형이기도 하다.

분리된 공동체의 삶 안으로 주변세계가 가장 강력하게 진입하려고 하는 지점이 바로 군 복무 요구이다. 세계는 체계적이고도 강력하게 그 집단의 성격과 삶의 방식을 바꾸려고 한다. 이 시점에서 세상과 타협하지 않는 삶에 헌신한 한 개인이라면, 그는 반드시 세계에서 분리될 필요를 보아야만 한다.

군 복무에 대한 올드 오더 아미쉬 메노나이트 혹은 후터파의 반대는 더 깊고 광범위한 비타협에 뿌리를 내리고 있다. 따라서 그들은 무력 없이 과연 어떻게 세상을 운영할지, 폭력이 해결해주지 못하는 문제를 어떻게 해결할지, 그들의 가족을 어떻게 보호할지 등등의 문제를 설명할 의무에서 완전히 자유롭게 된다. 그들은 더 좋은 편을 선택했다. 지배하거나 혹은 이 세상에 영적인 충성을 바치는 이들이 어떻게 폭력적인 수단을 사용하지 않고도 원하는 바를 이룰 수 있는지 제안하는 것은 이들의 할 일이 아니다.

그들은 자신들의 사회적 이원론 논리를 따라서 그들에게 "잘못된" 것이 다른 이들에게는 "옳을 수"도 있다고 말하기까지 한다.77) 혹은 단지 판단을 유보할지도 모른다. 이 두 경우 모두, 세계의 문제들과 필요들 그리고 더 넓은 사회의 고충과 그것을 옹호하는 것 등은 그들의 상관할 바가 아니다.

---

77) 14장 초반의 메노 D. 셸 의 말을 보라. "이방 정부에 기독교적 도덕성을 부과하는 것"에 대한 의심은 16장에 나타난 입장에도 기여를 하고 있다.

공리

이 견해의 기저에 있는 자세는, 우리가 세상, 이 단어의 신약의 일반서신과 요한복음의 용법의 특징인 근본적으로 반역적인 의미에서의 실재를 무시해서는 안 된다는 것이다. 이 세상은 단순히 마음의 상태가 아니라 여러 기관들의 경험적인 네트워크이며 행동하는 방식들이다. 세상은 그 정의상 하나님의 뜻에 반대하는 반역과 자기 우월감을 가지고 있다. 경험적인, 악한 실재로서 세상은 우리가 볼 수 있으며 또 반드시 피해야만 하는 것이다. 세상에서 증인이나 선교적 존재가 되는 것은, 그것의 정체를 밝히고 그에 반대하는 자세를 취할 의무를 다한 후에나 따라오는 부차적인 의무가 된다.

약점들

이 견해에는 몇 가지 분명한 윤리적 약점이 있다. 그러나 다른 이들처럼 성급히 이 견해를 비난하는 것은 적절하지 않다. 이 견해는 세상에 대한 지속적인 반대나 혹은 그리스도와 문화[78]사이의 반대를 나타내지 않는다. 이런 해석은 가장 비논리적인 오해이다.

일관된 비타협은 문화적 실재로서 세속성을 구분하고 우리가 피해야만

---

78) 가장 단순하면서 널리 알려진 오독의 예는 리처드 니버의 『그리스도와 문화』에서 그가 유일하게 메노나이트를 언급한 곳이다 (New York: Harper, 1951), p. 56. 이에 관해서는 Charles Scriven, *The Transformation of Culture: Christian Social Ethics After H. Richard Niebuhr* (Scottdale, Pa: Herald Press, 1988)의 특히 30~48을 보라. 이런 생각을 하는 이들은 문화를 아주 심각하게 생각한다. 이는 그리스도께서 반드시 문화를 변혁시켜서 믿는 자들의 공동체가 이 세계를 가능한 많이 다스려야만 하기 때문이다. 일관된 비타협의 입장은, 하부문화에서 세계의 일부를 재구성하기 때문에 메노나이트의 한 분파나 그 전체와 동일시되어서는 안 된다. 이것이 대부분의 분파에서 나타나는 경향성이기는 하나 올드 오더 를 빼고는 어디에서도 규범적이지 않기 때문이다.

하는 세속적 문화적 행동들을 밝혀낸다. 바로 이러한 이유 때문에, 이 입견해는 다른 어떤 견해보다 더 세상을 대체하는 기독교 문화적 대안을 만들어 내는데 헌신해 왔다. 16세기 이래로 후터파와 아미쉬 공동체들이 문화적으로 창조적이었던 방식에 대한 모든 연구를 보면 이 점이 아주 분명하다.

이 공동체들은 거의 자급자족적인 문화를 만들어 내고 유지하는데 있어서 다른 비교대상인 집단들 보다 훨씬 더 성공적이었다. 그들은 땅에 대한 사랑과 그것을 효율적으로 사용하는 특징을 가지는 자신들의 고유한 풍습, 장인정신, 굉장히 지지적인 사회관계, 일탈적인 것에 대한 비폭력적 제재, 생존과 정체성의 문제에 대한 자신들의 고유한 해결책 등을 가지고 있다.

대중교육의 비인격화 현상에 반대해서, 그들은 문화적 진공이 아니라 대안적인 전달방식과 가치의 정의를 만들어 냈다. 재앙이 있을 경우에, 이 견해만이 북미에서 유일하게 주류외부에서 혹은 주류와 상관없이 생존할 수 있는 하부문화일 것이다. 아미쉬와 후터파들의 방식에 있어서 잘못된 것은 당연히 존재하겠지만, 적어도 그것은 그들이 문화에 반대한다는 점은 아닐 것이다.

역설적이게도 그들의 진짜 약점은 그들 문화의 강점이 맺은 열매이다. 이 공동체는 후대로 내려가며 스스로를 재생산해 낸다. 그 결과, 몇 대가 지나지 않아서 교회안의 수많은 구성원들이 단지 피상적이거나 마지못해 그 가치에 헌신하게 된다. 그래서 교회 내부에 "세계"라는 것이 존재하게 된다. 다른 기독교인 집단들을 점점 더 인식하게 되면서 이들은 자신들의 세계 외부에도 "교회"라는 것이 있음을 어쩔 수 없이 알아차리게 된다. 하지만, 이러한 인식은 이 집단의 사명에 대한 자신감을 심각하게 약화시키게 된다.

하지만 더 깊은 결함은 외부 세계에 대한 이러한 구조적인 거부가 오히려 은밀하게 그것에 의존적이 되는 방식에 있다. 우리는 무엇이던지 외부 세계가 하는 것은 그와 반대로 해야 한다. 따라서 교회는 자신들의 거부 방식에 있어서 외부 세계의 지배를 받게 된다는 점에서 자신이 거부하는 그 세계에 의존적이게 된다.

그럼에도 불구하고

그렇지만 하나님의 사랑하시는 의지에 반대하는 인간의 구조적인 반란을 전쟁이 대단히 탁월하게 나타내고 있다는 것은 사실이다. 기독교인들이 사랑해서는 안 되는 타락한 우주라는 것이 존재한다.요일 2:15 그리고 그것의 특징은 바로 칼이다. 형제살인은 창세기 4장에 나온 첫 번째 죄악이며 요한일서 3장에 있는 죄의 주요한 예이다. 예수께서는 태만, 폭식, 성욕, 다른 일반적인 죄보다도 폭력으로 더 시험을 받으셨다. 전쟁은 그 결과를 다시 돌이킬 수 없는 유일한 죄이다. 다른 죄들은 그 죄의 피해자들을 파괴할 가능성이 있는 반면에 살인은 언제나 파괴한다.

결국에는

세상에 대한 획일적 사고는 타협을 하는 사람들에게서도 동일하게 나타나는 경향이 있다. 어떤 기독교인들은 "세상을 수용하기" 위한 원칙의 결정 때문에, 그리고 세상을 수용하는 것이 그 자체로써 모든 상황에서 최선이라는 이유로 전쟁을 원칙적으로 받아들인다. 이들은 소위 '강경 니버주의자들'이다.[79] 이들은 일반적으로 그 참여에서 도덕적 판단을 구분해낼 가능성이 가장 낮다. 그리고 여기에는 세상 안의 잘못된 것을 그 자체로 받아들이라는 절대적인 결정이 존재한다.

만약에 세상에 대한 이런 수용의 탁월한 예가 전쟁이라면, 이 사람들은 구조적인 비타협주의자들 보다 도덕적으로 덜 자유하며 죄의 힘에 대해서도 덜 현실적이다.

---

79) Christian Century editorial "The Power, Not the Glory," May 7, 1958:547을 비교하라.

제16장

메노나이트의 '제2의 바람'—비평화주의 무저항

오늘날 일반적으로 사용되는 무저항이라는 용어는 성경을
계시된 하나님의 뜻으로 받아들이는 이들의 신앙과 삶
그리고 성경이 전쟁을 금지한다고 믿기에 거기에 아무런 참여도
할 수 없는 이들, 그리고 모든 종류의 억압,
심지어는 비폭력적 억압조차도 반대하는 이들을 묘사한다.
반면에 평화주의는 전쟁에 대한 다양한 종류의
반대를 포함하고 있는 단어이다. 몇몇 현대 평화주의자들은
모든 종류의 전쟁을 반대하지만 다른 이들은 그렇지 않다.
모든 전쟁에 반대하는 사람들 중 일부는 그 권위를 하나님의 뜻에서
찾으며 다른 이들은 대체로 인간의 이성에서 찾는다.
가이 허쉬버그, 『전쟁, 평화, 무저항』

나는 지금까지 논리적으로 가능한 선택들에 대한 이 연구에서 특정한
교단적 경험을 대표하려고 노력하지는 않았다. 비록 몇몇 경우에는 그럴
수 있었을지라도 나는 어떤 입장들을 가톨릭이라고 하거나 다른 입장을
퀘이커라고 이름 붙이지 않았다. 특정 교단이 오랫동안 한 종류의 해석만
을 대표하는 경우는 흔치 않다.

그렇지만 이런 일반화에는 한 가지 현대적 예외가 있다. 최근 북미 메
노나이트 안에서 한 특정한 운동에서 그 지도자들이 다른 조류의 사고들

을 접한 후 그에 대한 반응으로 새로운 이해가 발전되었다. 여기에 나타난 문제는 교단의 범위를 넘어서 관찰할 가치가 있다. 이 형태의 평화주의에 대해서 논평을 하는 이유는 내가 이 글을 읽는 독자들이 메노나이트라고 생각하기 때문이 아니다. 또 내 견해에서 나의 전통 중 일부에 대해서 옹호하거나 반대하는 말을 하기 위한 것도 아니다. 이 책의 전체적인 목적에 따라서 이 견해를 포함시켰는데 그 이유는 이것이 그 고백의 범위를 넘어서 이상적인 형태라 알려졌고 또 사용되었기 때문이다.

단순히 언어적 용법만 살펴도 문제가 무엇인지 알 수 있다. 평화주의라는 단어 자체가 제 2차 세계대전 중에 교단지도자들 사이에서 논쟁의 대상이 되었다. 이는 지난 세대의 교단 지도자들이 기록한 문서들을 비교만 해보아도 간단히 살펴 볼 수 있다.

당시 성경교사였으며 나중에 이스턴 메노나이트 대학의 총장이 된 존 머모John R. Mumaw는 2차 대전 중에 무저항과 평화주의라는 팜플렛을 만들었다.80) 여기서 그는 전통적으로 무저항이라고 불리던, 메노나이트들이 전쟁에 대해 취한 견해는, 평화주의라고 알려진 현대 개신교적 현상과는 특별히 세계대전 중에서 큰 상관이 없다는 주장을 강하게 제시했다.

당시 교단내 가장 유력한 역사가였던 해롤드 벤더Harold S. Bender 가 1954년 12월 미국 교회사회敎會史會에 쓴 "16세기 재세례파의 평화주의"라는 글을 함께 읽을 수 있을 것이다.81)

이 두 실력 있는 교단의 선생들은 자신들이 기본적으로 동일한 견해라

---

80) Scottdale, Pa.: Herald Press, 1944; 3rd ed., 1969, 1991.
81) Church History (June 1955), in *Mennonite Quarterly Review* 30 (January 1956)와 *The Anabaptist Vision* (Scottdale, Pa.: Herald Press, 1944)에서 찾을 수 있다.

고 말하게 될 것을 각각 따로 설명하고 있는 것이다. 그들 중 하나는 이 입장의 정체성으로 '평화주의'라는 표현을 취하여 이 단어에다가 메노나이트 역사중 구체적인 내용을 집어넣었다. 다른 한 사람은 이 동일한 단어가, 여러 사람들의 용법에서 이미 동시대적인, 그가 반대하는 견해를 나타내고 있다고 전제하면서 시작했다. 적절한 의미를 부여함으로 그 단어를 구해내는 대신, 그는 거부하는 것을 선택했다.

아마도 대중들의 마음속에 있었을 메노나이트주의의 문화적 이미지 때문에 머모 교수가 선호했던 용법이 교단을 넘어서 폭넓게 수용되었다. 존 베넷John C. Bennett은 메노나이트주의를 그가 '후퇴 전략'[82]이라고 부르는 것의 전형적인 경우로 간주했다. 토마스 샌더스Thomas Sanders는 '비정치적인'[83] 특징이라는 동일한 자세를 취했다. 메노나이트들은 순수한 형태이며 한 가지 가능한 견해를 상당한 정도로 온전히 대표한다.

다른 여러 이유들 때문에 교단내부에서도 이와 유사한 일이 일어났다. 문화적 신학적 정체성에 관한 오랫동안 끓고 있던 문제가 단어적인 문제로 인해 표면으로 드러났다. 미국 메노나이트들은 제1차 세계대전 직전과 그 동안 그리고 그 후에 우선 자신들 주변의 영어권 사람들과 소통하

---

82) 메노나이트 입장에 대한 비-메노나이트들의 분석에서 인용되는 기본적 자료들은 머모의 팜플렛이 아니라 가이 허쉬버그의 『전쟁, 평화, 무저항』(대장간 역간, 2012) (각주 86을 보라)이다. 존 베넷의 *Christian Ethics and Social Policy* (New York: Scribners, 1946), pp. 41ff에 나온 메노나이트내부 논의에 대한 기록을 보라. 그리고 Thomas Sanders, *Protestant Concepts of Church and State* (Fort Worth, Tex.: Holt, Rinehard&Winston, 1964), pp. 102-104.

83) Sanders, *Protestant Concepts*, pp. 75ff. 이 이해가 얼마나 넓게 퍼져 있는지는 H.R. 니버 (15장, 각주 78 참고)가 다른 문서나 설명도 필요 없이 이것을 당연히 정확하게 받아들였음을 보면 알 수 있다.

려 노력하기 시작했다. 그 과정에서 모든 종류의 군사주의나 민족주의에 반대하는 평화적 입장과 순진하게 동일시하려는 유혹은 너무나 자연스러웠다. 이런 연결을 하면서 그들은 당시에 두 세계대전 사이에 있던 반전운동에 대해 어떤 공감을 가졌다. 바로 이 경험으로부터 우리는 '역사적 평화교회'와 '평화의 증인'이라는 표현들을 받아들였다.

하지만, 여기에 바로 이어서 심각한 두 번째 장면이 등장한다. 대부분의 메노나이트들은 평화 서약 연합Peace Pledge Union과 우화회Fellowship of Reconciliation의 평화주의와 자신들이 구분되는 그 차이 때문에 깊은 인상을 받았다. 이 평화주의자들이 취한 몇 견해들은 그 방향성에 있어서 기독교적이 아니었다. 그들 중 일부는 인간 본성의 선함을 너무나 신뢰한 나머지 신적인 사랑을 이유로 고난을 당해야 할 필요를 인정하지 않았다. 몇몇은 모든 전쟁을 반대하는 그 일관성의 값을 치를 준비가 되어있지 않았다. 또 일부는 중생하지 않은 사회가 지속적으로 자신들의 문제를 풀 가능성에 대해서 이치에 맞지 않게 낙관적이었다.

명령에 의해 전쟁이 폐기 될 수 있다고 제안하면서 그들은 변화된 동기를 약속하는 것처럼 보였다. 그러나 그들은 비폭력적 억압에 기꺼이 호소하는, 혹은 국제적 "평화유지"군이라는 예외를 두는 자신들의 도덕적 타협을 알아차리지 못했다. 사회에서 폭력을 없앨 수 있다는 낙관주의 때문에 그들은 결국 힘의 위협을 통해 평화를 지킨다는 점을 간과했다.

이런 선명한 차이를 발견한 후에, 몇몇 메노나이트들은 방향을 바꿨다. 그들은 무저항 분리교회를 벗어나서는 무저항에 대한 근거가 존재하지 않는다고 결론을 내리게 된다. 이런 이유로 최소한 어떤 면에서 전쟁은

"비록 우리에게는 잘못이지만 정부에게는 옳은 것이다."[84]

사람들은 지적으로 용인되고 싶은 욕망 때문에 이런 식의 사고를 선호한다. 메노나이트들이 예수를 잘 이해했으므로 그들의 자리에서는 옳다고 기꺼이 인정하는 라인홀드 니버 같은 사상가들이 이렇게 생각했다. 그에 대한 대가로 이 사상가들은 메노나이트들이 전쟁이란 어떻게든 정부에게는 옳은 것이라고 인정해주기를 바랬다. 혹은 다른 경우들에서 개인이 따르는 주류 견해는 좀 더 전통적인 개신교 정통주의였다. 이 견해는 기독교인 개인에게 구속적인 것과는 다른, 정부를 위해 따로 계시된 일련의 도덕적 의무들을 가르쳤다.

미국 메노나이트들이 지난 수 세대동안 거쳐 온 문화적 타협은 이러한 윤리적 이원론의 유혹을 선호했다. 만약 우리가 무저항을 자신에게만 국한시킨다면, 무저항을 하면서도 여전히 애국주의적이거나 반공주의자로 남을 수 있다. 우리는 다른 사람들의 믿음에 크게 도전하지 않으면서도 교단적 다원주의 안에서 그리고 애국적인 작은 마을 사회에서 받아들여

---

84) "정치적 질서의 기본적인 기능은 강압을 사용해서 죄인들 사이에서 질서를 유지하는 것이다…. 이 질서는 궁극적으로는 경찰, 감옥, 법정, 비밀경찰관, 시민군, 군대를 통해 유지된다. 이 모든 것들은 엄격한 신약적 기준과는 반대된다. 비록 성경이 신약의 기준에 따라 살지 않는 이들을 위해 정부를 인정해줌으로서 모든 비정부주의는 옆으로 제쳐두었지만 말이다. 이는 필요악의 최고의 예이다!" Donovan Smucker, "A Mennonite Critique of the Pacifist Movement," *Mennonite Quarterly Review* 20 (1946): 81ff. 이 입장의 좀 더 새로운 형태를 보고 싶다면 존 리쳐드 버크홀더(John Richard Burkholder)와 바바라 넬슨 깅그리치(Barbara Nelson Gingerich), eds., *Mennonite Peace Theology: A Panorama of Types* (Akron, Pa.: MCC Peace Office, 1991)에 실린 다니엘 시파니(Daniel Schipani)의 "An Emerging Neo-Sectarian Pacifism"를 보라. 이 문서들은 이 관점과 문화적 반계몽주의 사이에는 필연적 관계가 없다는 점을 분명히 하고 있다. 1945년의 스머커와 시파니가 인용한 1960년대의 작가들은 각각의 시대에서 가장 명석한 사람들 중 일부였다.

질 수 있다. 우리는 자신의 규범을 따라 살 수 있고, 스스로의 양심에 따라 사는 것을 존중하며, 다른 이들도 그들의 규범에 따라서 살아야 한다고 인정한다. 이것은 우리가 위에서 '제의적' 혹은 '문화적' 혹은 분리적이라고 묘사한 입장으로 이미 들어가 버린 이들에게 특별히 매력적인 유혹이다. 13-15장을 보라

이 시대에 메노나이트들이 근본주의자 논쟁에 참여한 것 역시 같은 방향을 향하고 있는 또 다른 움직임이다. 비판적인 현대 신학은 구약의 거룩한 전쟁은 그 당시의 원시적 문화이며 따라서 오늘날은 부적절하다는 이유로 제거해 버릴 수 있었다. 그러나 메노나이트들은 여호수아, 드보라, 다윗을 그렇게 쉽게 잊어버릴 수 없었다. 구약과 신약간의 긴장을 세상과 교회간의 긴장처럼 보는 것이 더 간단했다. 사형이나 전쟁은 이스라엘과 세상에는 적절한 것이었지만 신약의 기독교인에게는 그렇지 않다.[85]

따라서 여기에서 상당히 새롭고 조직적인 윤리적 이원론이 나타나게 된다. 많은 메노나이트들은 자신들의 견해를 "무저항"이라고 부르는 것을 선호한다.마 5:39 "대적하지 말라"를 따라서 [86] 그들은 자신들의 견해를 일반

---

85) 슐라이하임(Schleitheim) "Brotherly Understanding"(Februrary 1527)의 항목4에 가장 단순하게 언급된 16세기 재세례파 사상의 한 주요한 흐름에 호소해서 이렇게 해석할 수 있을 것이다. "그리스도의 완성 밖에서는 칼이 하나님의 질서이다. 칼은 악한 자를 처벌하고 죽인다. 그리고 선한 이들을 지키고 보호한다. 율법에 따르면 칼은 악한 자들을 대항해서 그들을 처벌하고 죽이려고 세워진 것이고, 세속적 통치자들은 동일한 것을 행사하려고 제정되었다." 여기서 '율법'은 구약을 뜻하고 '세속적 통치자들'은 1세기와 16세기의 시민정부를 뜻한다. '율법'과 대조되어 '그리스도의 완성'은 새 언약의 도덕적 재원을 뜻한다. 정부와 대조적으로 사용될 때 그것은 교회를 뜻한다.

86) 사실 몇몇 메노나이트들은 이 용어가 교단적 특징이라고 생각한다. 그러나 메노나이트들은 19세기 후반까지 이 단어를 사용하지 않았다. 왜냐하면 독일에서 그들은 wehrlos

적으로는 평화주의에서, 구체적으로는 비폭력 행동주의에서 구분해내려 신경을 썼다. 1940년 이후 일부 메노나이트들은 군사주의를 비판할 뿐만 아니라, 평화주의에서 거리를 드려고 하였다. 사실 이 관점에서 보면 군대는 비기독교인 세계에서 그들의 자리를 찾을 수 있다. 그리고 몇몇 메노나이트들은 자신들이 그 일부가 되지 않는 한에서는 국가의 폭력을 권장하기도 했다.

무언의 공리

이 견해의 기저에 있는 사고는 두 가지인 듯 보인다. 사회적으로, 이 견해는 당신이 온전하다고 찬사를 받는다면, 그 찬사를 받아들여야 한다고 전제한다. 니버적인 분석은 분리주의 입장을 교만하고 무책임하다고 거부하면서 동시에 이 입장이 일관되며 예수를 제대로 이해했다고 인정한다. 이런 에둘러 말하는 칭찬의 진실성이나 숨겨진 전제를 검증하려고 하지도 않으며 이원론적 메노나이트들은 비록 그늘 아래일지라도 태양이 비치는 자리에 만족한다. 그리고 그 도전을 받아들이고 일관되게 비정치적이려고 노력하기 시작한다.[87]

나 defenseless(무방비의)라는 용어를 사용하고 있었다. 사실 이들 중 한 분파는 Defenceless를 교단이름으로 사용하기도 했다. 무저항이라는 용어는 개리슨(Garrison)과 발루(Ballou)를 통해서 그리고 톨스토이와 그의 미국인 제자들을 통해서 현재의 영어로 들어오게 되었다. 이 용어를 '평화주의'와 다르게 사용한 것은 이 장에서 묘사한 1920년대에 시작된 그러나 대부분 1950년대에 발생한 변화의 산물이었다.

87) 에둘러 표현한 니버주의의 칭찬은 조지 위겔(George Weigel)의 Tranquillitas Ordinis: The Present Failure and Future Promise of American Catholic Thought on War and Peace (New York: Oxford, 1989)와 귄터 루이(Guenter Lewy) 의 Peace and Revolution: The Moral Crisis of American Pacifism (Grand Rapids: Eerdmans, 1988)에서 다시 등장한다. 이 두 저자 모두 자신들이 그 온전성을 존중하는 평화주의를 어떠한 정치적 가치판단도

지적으로, 이 관점은 더 나은 이해를 위해서는 세계의 두 영역 혹은 층위사이의 노력을 선명하게 구분해야 한다고 본다. 이렇게 구분한 후에 당신은 그것들이 놓인 자리에서 각각의 도덕적 이슈들을 묻기만 하면 문제는 해결될 것이다.

약점들

이 견해에는 여러 가지 종류의 약점들이 있다. 그 약점 중 하나는, 자신들의 고유한 경험에서 비롯된 것이 아닌 비판자들에게서 빌려온 해석의 틀을 메노나이트주의에 적용하려는 이 노력이 최근에서야 시작되었다는 사실에서 비롯된다. 이 분석은 잘 들어맞지 않는다. 이것은 메노나이트들이 국가의 경제와 교육과 직업적인 생활에 참여하는 것의 넓은 보수적인 정치적 의미를 감추어 버린다.

이 관점은 또한 메노나이트들의 이주의 자유, 그들의 양심적 병역거부, 그들의 봉사단체들, 그들의 교회학교들, 그들의 대안적 공동체들의 결정적인 정치적 영향을 간과하기도 한다. 이 관점은 그들로 하여금 특정한 정치적 선택권과 목소리를 높이는 종교적 정치인들에 대해 그들이 진정으로 교감한다는 것을 부정하게 만든다. 그들은 국가는 이교적이라는 공리에서 나오는 분석을 높은 자리에 있는 활발한 성직자들존 포스터 둘스, 마크 하트필드, 조지 맥거번에게 적용하는데 불편함을 느낀다.

그러나 이 관점의 약점은 그들이 대표하고자 하는 집단의 삶에 잘 들어맞지 않는다는 것만이 아니다. 이 관점은 다른 면에 있어서도 역시 의문

자제하는 것으로 묘사한다.

스럽다. 사실상 "그리스도는 우리의 주님이시지 그들의 주님은 아니시기 때문에" 이 관점은 암묵적으로 선교적이며 교회적인 관심을 부정한다. 이들은 기득권층의 신학자들이 '분리주의자들'에게 던지는, 또한 예수에게 던지는 정치적으로 적절하지 않다는 판단을 칭찬인양 받아들인다. 그리고 예수를 선한 사람이거나 선지자로 생각하는 것이 아니라 현실세계 바깥에 서 있는 입간판처럼 생각한다. 이들은 전쟁을 시작하는 권한이 정부에 물론 우리의 정부가 아닌 다른 정부에게는 드물게 있다고 인정한다. 그리고 이는 국가에 대한 신약의 관점보다 더 나가는 것이다.[88]

현대의 모든 정부들이 어떤 의미에서 고대 이스라엘과 동일하다는 듯이 견해는 종종 구약의 거룩한 전쟁의 신정론적인 그림과 섞여 버린다. 이 관점은 군사적인 대안들에게는 더 잘 적용될 수 있을 그 비판인본주의적인 낙관주의, 죄와 권세에 대한 비현실주의을 이유로 메노나이트들이 다른 평화운동들과 가질 수도 있을 내적인 긴밀한 관계를 너무 성급히 부정해버린다.

이 관점은 또한 현실세계의 알려진 모든 군사주의가 비기독교 평화주의의 모든 악을 공유한다는 것을 알아차리지 못한다. 군사주의는 평화주의와 마찬가지로 인본주의적이며 공상적이다. 이는 행정 관료제의 지혜와 타인들을 멸절해 마땅한 이들로 생각하는 사람들의 통찰에 엄청난 신뢰를 보낸다. 우리는 과연 군사주의 체제에 평화와 자유를 맡겨야 하는가? 도덕적으로 자기비판적일 수 있는 강력한 무기를 가진 사람을 신뢰

---

88) 로마서 13장이 전쟁에 관한 것이라는 이해에 반대해서 나의 책 『예수의 정치학』(IVP역간)(Grand Rapids, Eerdmans, 1972)의 205쪽 이후를 보라.

해야 하는가? 다른 어떤 평화주의보다도 이 관점은 인간의 성품에 더 크고 더 정당화되지 않은 확신을 두고 있다. 무기에 대한 모든 신뢰는 그 도덕적 전제에 있어 비기독교적이며 그 활동에 있어 확실히 인본주의적이라서 과한 확신에 찬 평화주의들 보다 더 비기독교적이다.

그럼에도 불구하고

이 관점은 제의적, 분리적 관점이 가지는 목회적이고 교육적인 유익을 주장할 수 있으며13-15장 그들의 약점 또한 공유한다. 이 관점을 과격하게 단순화시키면 종교적 공동체는 생존이 가능할 것이고 스스로를 일상적 언어로 이해할 수 있게 된다.

예수의 말씀과 그 예를 충실히 따르는 것을 포기해야만 즉각적인 정치적 타당성을 얻을 수 있다는 것이 사실이라고 가정해보자. 혹은 언제 그리고 어디에서 그래야 하는지도 그렇다면 예수의 제자들은 물러남이라는 값을 치르더라도 신실함을 선택할 것이다. 하지만, 두 선택지를 이런 식으로 배치하는 것이나 그들이 이해한 '적절함' 이라는 말의 뜻은 복음에 따른 것이 아니다. 바로 이것이 '비정치적인' 메노나이트들이 오해한 것이다. 하지만, 세계교회적 대화상대에 의해서 일단 질문이 이렇게 던져지고 나면, 메노나이트들이 제시해온 두 가지 선택지들 중에서는 분리주의적 대답이 더 나은 것이다.

결국에는

전쟁을 정당화하는 모든 가능한 방법은 동시에 이와 유사한 근본적인 이원론을 수반한다. 그 이원론을 따라서 다른 곳에서는 잘못된 것이 전쟁에서는 옳게 된다. 주류신학은 우리가 정치인의 문제를 앞에 두고 동시에 예수께서 복음서에서 자신을 따르라고 말씀하신 그 방식대로 예수를 따를 수 없다는 데 동의한다. 새로운 메노나이트의 윤리적 이원론이 이렇게 순진하고, 비선교적이고, 잠재적으로 독선적이기는 하지만, 그 견해가 거부하는 반대의견들보다는 덜 그러하다.

제17장

그리고 계속해서…

만약에 우리의 목적이 사람들로 하여금 전쟁을 비난하게 만드는 수많은 논리들을 장황하게 늘어놓는 것 뿐 이라면 위의 항목으로도 이미 충분히 긴 듯 보인다. 그리고 아마도 그럴 것이다. 하지만, 이 항목이 완성된 것이라고 생각하지 말자. 위의 입장들 중 하나 혹은 여럿의 조합에 의해서 충분히 대변되지 않는 주목할 만한 개인들, 전통들, 운동들이 있다. 이 각각에 대해서 위에서 제시한 것처럼 긴 분석을 제공하지 않고도 좀 더 간단한 특징만을 나열함으로서 설명의 여지가 남아 있음을 알 수 있다.

A. 종말론적 괄호의 평화주의

이 관점은 오늘날 여호와의 증인과 몇몇 개신교 세대주의자들에 의해서 대표된다. 16세기의 멜키오르 호프만Melchior Hofmann과 아마도 한스 후트Hans Hut가 이런 식으로 생각했을 것이다. 이 관점은 성경시대의 묵시문학에 어느 정도 근거를 두고 있다.

이 관점은 세계역사에 있어서 역사를 두 부분으로 구분 지을 변화가 곧 있을 것이라고 말한다. 역사에서 현재의 "세대" 혹은 시기는 그 백성을 향한 하나님의 뜻이 고난 안에서 '신실함' 인, 마치 괄호로 묶인 시대와 같다. 그렇지만 새로운 통치의 임박한 도래이후에 그 규칙은 바뀔 것이다. 하나님께서는 그의 원수를 파괴하실 것이다. 그리고 하나님은 그의 신실하신 백성을 그 심판 때에 잘 활용하실 것이다.

따라서 지금 시대에 전쟁을 거부하는 것은 보편적인 윤리 원칙들을 일반적인 비폭력에 적용한 것이 아니다. 시대에 대한 고려 없이 그런 원칙들의 인도를 받는 것은 하나님의 다스리시는 자유를 부정하는 것일지 모른다. 하나님께서는 각각의 시대에 계산 불가하며 단순히 순종해야 하는 신실함의 모습들을 정해 놓으셨다. 그 이유를 찾는 것은 우리의 할 일이 아니다. 우리가 할 일은 이 시대에 기꺼이 목숨을 내놓는 것이다. 동기 혹은 효율성이란 단어로 행동에 대한 어떤 종류의 계산이나 합리화를 하는 것도 적절하지 않다. 하나님은 우리가 언제 어디서 고난을 당해야 하는지를 미리 정해 놓으셨고 이제는 곧 우리의 승리도 정해 놓으셨다. 반역하는 인간에 대한 그분의 오랜 참으심에 함께 하는 이들은 언젠가 아마겟돈의 승리를 함께 할 것이다.

그런데 이 괄호의 논리는 반대로 기능할 수도 있다. 논리적으로 이는 놀랄만한 것이 아니다. 한 시대에서 다음 시대로 체제의 변화가 인간의 이성에 따라서 되는 것이 아니라 신적인 주권에 의해서 다스려지기 때문이다. 이 관점을 담고 있으며 아마도 가장 폭넓게 읽히는 책인, 스코필드 관주 성경은 산상수훈의 윤리에서 원수를 사랑하라는 것을 미래적 "왕국

시대"로 미뤄놓았다.89) 이 설교는 현재 시대에는 구속력이 없는데 그 이유는 1세기 "유대인들"은 예수를 왕으로 받아들이지 않았기 때문이다.

B. 무정부주의 평화주의 90)

일반적으로 무정부적이라고 불리는 이 평화주의는 1960년대 민주사회를 위한 학생Students for a Democratic Society91)과 같은 운동들 내부의 젊은이들로 대표된다. 사회운동의 의미에 대해 그들은 가장 필요한 사회적 공헌이란 기존하는 악한 체제의 기능을 막는 것이라고 생각했다. 시위대들은 더 나은 대안적인 구조나 해결책의 가능성을 보장하거나 자신들의 개입이 무언가를 만들어 낼 것이라 보장하는 것은 자신들의 책임이라고 느끼지 않았다. 유일한 기준은 현재에 대한 급진적인 부정이다.

이런 무정부주의자들은 만약에 현재의 구조가 서서히 멈추게 되면 그 이후에 다가 올 것이 무엇이던지 지금보다는 더 나을 것이라고 생각했다. 책임지는 것을 수사적으로는 말할지 모른다. 그러나 이는 권력을 잡은 후에 가능하며 현실화 될 수 있는 선명한 대안적 전략을 내다보고 실행하는 것을 포함하지 않는다. 그런 종류의 치료제를 제시하는 것은 용어상으로 모순이 될 것이다. 이 견해는 그것이 부정하고 있는 대상의 그 핵심 언저리에 군사적 체제가 있다는 의미에서 평화주의이다. 그러나 이것은 완벽한 대안적 사회적 프로그램이 아니며 유토피아8장, 비폭력 직접 행동5장,

---

89) 그 왕국의 시대에 원수는 누가 될 것인가는 분명하지 않다.

90) 아래 18장의 D. "무정부주의의 평화주의 추진력"과 비교하라.

91) 당시에 대한 평가를 보려면 아트 기쉬(Art Gish), *The New Left and Christian Radicalism* (Grand Rapids: Eerdmans, 1970)을 보라.

정당한 전쟁2장의 불안정하고 일시적인 혼합체이다.

C. 일관된 자기 부정의 평화주의

일관된 자기 부정의 아시아적 평화주의라는 것이 존재할 수도 있다. 만약에 드러나는 모든 인간 역사가 환영이거나 불변하는 비인격적 필연성이라면, 만약 나 자신의 개인적 삶이 소망의 근거가 아니라면, 만약에 삶의 쳇바퀴와 욕망에서 벗어남으로서만 내 목적이 축복받을 수 있다면, 만약에 고난을 그 자체로서 받아들이는 것 혹은 영적인 훈련으로서 받아들이는 것이 숭고한 목적 중 하나라면, 만약에 갈등상황이 분명한 예 혹은 아니요로 구분될 수 없다면, 과연 싸울 필요가 어디에 있겠는가?

전쟁을 정당화하려고 소환된 여러 목적들은 아시아인들의 삶 안의 구체적인 사회적 정치적 절망 안에서 사라져 버린다. 혹은 그러한 목적들은 소망 없음을 수긍함으로서 기만적인 욕망에서 놓일 수 있다고 사람들에게 말하는 종교의 흐린 빛 안에서 사라져 버린다. 물론 이런 식의 묘사는 분명 과장적인 요소가 있다. 이해하지 못하는 서양이 동양을 어떻게 받아들이는지 아주 요약적으로 보여주는 문장이다. 그렇지만 이러한 과장에도 불구하고 이 관점은 여전히 중요하다. 의로운 결과를 반드시 스스로 곧, 자신들의 힘으로 가져와야 한다는 서양인들의 강박적인 확신에 대한 비판으로서 설 수 있을 것이다.

D. 아주 긴 안목의 평화주의

다른 이들은 인간사에 관한 아주 긴 안목을 취함으로써 평화주의라는 결론에 도달했다. 전쟁을 통해 우리가 피해야만 하는 것이 무엇인가라는 질문에 그것은 가까운 미래에 발생할 것이라고 생각되는 악이라고 대답의 초점을 맞춘다. 그러나 이미 우리는 단기간에 나타나는 모양새는 종종 기만적이라는 것을 배웠을 것이다. 긴 기간에 걸친 역사의 움직임은 자신들이 핵심적인 결정을 내린다고 생각하는 이들의 인식과는 상당히 다른 요소들에 의해서 결정된다.

모든 정치적인 실재는 도덕적으로 애매하다. 우리가 주어진 사안에서 상대적으로 더 큰 정의에 대해서 얼마나 확신을 하던지 간에, 그 정의의 차이는 전쟁이 대표하고 있는 절대적인 호소를 정당화해주지는 못한다. 우리는 일이 어떻게 되어 나갈지에 대해서는 아주 조금만 알고 있을 뿐이다. 단기간의 옳은 결과를 보장하는 모든 성급한 집착은 정죄될 수 있을 것이다. 그것이 도덕법을 어겨서가 아니라 근시안적이고 성급하기 때문이다.

공격하는 사람과 방어하는 사람이 결국 모두 폭력을 사용하기 때문에 도덕적으로는 큰 차이가 없다고 말하는 평화주의 주장의 한 형태가 있다. 라인홀드 니버는 이에 대해서 아주 오래전에 이렇게 답했다. "나의 자기중심주의와 갱단의 자기중심주의 사이에 큰 차이가 없다고 말하는 관점이 있다. 하지만, 다른 관점에서 보면 여기에는 아주 중요한 차이가 있다."[92] 둘 다 모두 이기적이라는 사실이 이 둘을 도덕적으로 동일하게 만들지 않는다. 무죄한 자를 보호하는 '이기심'은 공격하는 자의 이기심보

---

92) 라인홀트 니버, *Christianity and Power Politics* (New York: Charles Scribner's Sons, 1940), p. 169.

다 더 나은 것이다.

물론이다! 하지만, 우리가 전쟁에 관해서 말하는 것이라면, 여기서 묘사하는 '냉정한 긴 안목'에서 문제가 되는 차이는 갱단과 나 자신, 혹은 경찰과 범죄자 간의 차이가 아니라 두 경찰 사이나 두 갱단 사이에 관한 것이다. 이는 라인홀드 니버가 다른 곳에서 분명하게 지적했던 것과 같은 독특한 위험으로 우리를 이끈다. 그것은 비판에 대한 교만과 무감각함 때문에 자기 의로 가득 찬 경찰관은 갱보다 더 못할 수도 있다는 것이다.

주권을 잃는 것이 생존을 위한 방법일 수도 있다. 1968년의 체코인과 1940년의 덴마크인들, 1968년의 가자 지구의 거주민들, 혹은 1966년 미국이 침략할 때 도미니칸 공화국사람들, 1980년의 폴란드인들의 경험을 생각해보라. 여기 나열된 사람들 중 누구도 항복 말고는 다른 어떤 선택도 영웅적인 저항이라는 선택을 하지 못했다. 이 경우들에서 국가주권을 잃은 것은 사실은 종종 타국의 지배 아래서 번창하는 국가적 정체성을 새롭게 하고 활성화시킨 계기였을 수도 있다.[93] 영웅적인 봉기를 생각조차 하지 못하는 경우에 한 민족의 고난이나 복속은 기독교 교회의 성장을 위한, 그리고 새롭게 되는 기회일 수도 있다.

이런 긴 안목의 평화주의와 아주 가까운 것은 겸손한 관심이다. 권력은 오만하며 그것을 소유한 자를 부패하게 한다. 세상을 바로 잡겠다는 주장은 그 주장 자체를 약화시킨다. 이는 신학적으로는 우상숭배라는 용어로, 혹은 진지한 정치과학에서는 오만함이라고 표현 할 수 있다. "너무 많은 권력은 당신을 자만하게 만든다"는 말은 단순히 영적이고 목회적인

---

93)『근원적 혁명』(대장간 역간, 2011) 의 "칼은 창의력의 재료가 아니다"는 말과 비교하라.

조언이 아니다. 이것은 오히려 정치적인 원리이다. 옳은 질서를 세계의 나머지 부분에 부과하겠다고 주장하는 사람은 모두 사실상 독재자이다.

E. 구속적 고난의 평화주의

구속적 고난이라는 고유하고도 일관된 평화주의가 있을 수 있다. 고난을 기꺼이 받아들이는 것은 간디의 방법[94]이며 재세례파[95]와 메노나이트 무저항 전통의 일부이다. 간디주의는 고난을 도구로써 이해한다. 이는 힘 있는 자들에게 영향을 끼치는 것이다. 비폭력 저항의 값은 고난이며 이는 마음을 감동시키는 방법이다. 다른 사람들이 볼 때 고난 그 자체는 치료와 사회를 완화하는 효과가 있는 것으로, 혹은 신비스런 방식으로 속죄를 가져오는 것으로 보일 수도 있다.

최소한 우리는 먼 과거에 대해서 비극이 그 결실을 맺는다고 말할 수 있다. 이는 역사에서 발생한 고난에 대해서 가능한 일반화이다. 이는 특정종류의 고난에 대해 반드시 해야만 하는 기독교적 긍정이다.

F. 예수를 닮기

다른 이들은 예수 닮기라는 오래된 윤리적 전통을 고수한다. 이는 도덕법의 평화주의와 동일한 도덕적 주장을 한다3타입. 하지만, 그 내용은 추

---

94) 간디의 전략은 우리의 분류법 중 어디에도 해당되지 않는다. 이 전략은 4,5,12타입의 요소들을 건설적으로 혼합했다.

95) 위의 타입 16을 보라. 지오프리 너틀은 고난 그 자체를 위해서가 아니라 그리스도를 따르는 것에 대한 값으로서 고난을 수용하는 것을 재세례파의 가장 전형적인 것으로 간주했다. *Christian Pacifism in History* (Cambridge, Mass.: Blackwell, 1958), pp. 32ff.

상적인 명령이 아니라 예수의 생애와 말씀이다. 그분의 명령과 예는 사회적으로 가능한지를 계산하지 말고 따라야 한다. 이 견해의 주 대변인은 피터 왈도Peter Waldo, 페트르 첼치스키Petr Chelčický 96), 레오 톨스토이이다. 이 입장은 폭넓은 수용을 기대하지 않는다. 하지만, 다른 소수 접근법들과 달리9,12-15타입 세상이 예수의 규범을 따르지 않는 것을 묵인하지 않는다.

G. 자기 훈련의 평화주의

이 평화주의에서 도덕적 의무의 핵심은 아마도 스스로를 훈련하는 자신의 책임에 있을 것이다. 자신에게 살인을 금지할 수도 있을 것이고 군사조직에 참여하기를 거절 할 수도 있다. 증오와 살인에 가까이 할 수 없기 때문이 아니라 나 자신이 그것들에 너무 쉽게 가까워지기 때문이다. 내가 인간이려면, 증오와 폭력의 성향 때문에 이 시점에서 군사적 삶이 촉발시키고 높이는 그 힘을 다스리고 길들일 필요가 있음을 자각하게 된다.

이런 관계에서, 행동 그 자체가 아니라 내가 무얼 함으로써 어떤 종류의 사람이 되는지에 대한 내 책임을 중심으로 논리가 잡힌다. 이는 개인주의적이기에 덕스러운 소수 집단 접근법9타입과 다르며 구체적인 자기 훈련이기에 유토피아 입장8과도 다르다. 그리고 원수가 아니라 자신 안에

---

96) 너틀의 "The Law of Christ"라는 장을 보라 *Christian Pacifism in History*, pp. 15ff. 그리고 머레이 웨그너(Murray L. Wagner)의 Petr Chel ick : A Radical Separatist in Hussite Bohemia, *Studies in Anabaptist and Mennonite History*, no. 25 (Scottdale, Pa.: Herald Press, 1983), pp. 86ff를 보라. 그의 집은 남 보헤미아의 Chelčický였다.

있는 악에 더 관심을 기울인다는 점에서 인격주의12와도 다르다. 이는 도덕적 절대주의3나 절대적 양심11 접근법들과 일치하나 심리적 각성에 있어서는 더 유연하다.

H. 상황적 평화주의

두 세 유행 전에, 미국인들은 그들이 '새로운 도덕'이라고 잘못 부르던 것을 지지하던 조셉 플레처Josheph Fletcher, 제임스 파이크James Pike, 그리고 다른 이들의 책들을 읽었다. 그들은 구체적 상황을 고려해서 도덕적 결정을 내릴 필요가 있다고 주장했다. 그리고 그들은 그 결정과정을 한 개인이 규칙에 반대되는 무언가를 해야만 하는 상황의 많은 예들을 묘사했다. 그들은 '상황 안에 있는 결정'은 분명하며 정확한 윤리적 사고의 한 양태라고 주장했다.

윤리적 접근법이 발전되면서 이 견해는 가장 도움이 안 되는 것으로 판명이 났다. 비록 공공연히 언급되는 않아도 "단지 해야만 하는" 경우들은 모두 또 다른 규칙들의 논리적 분석일 뿐이었다. 항상 그런 것은 아니나 이 상황에서는 하나의 규범이 금지하는 것을 왜 해야만 하는지를 설명하려고, 더 큰 무게를 가지는 가치에 관한 윤리적 일반화에 근거하지 않는 주장이란 존재하지 않았다.

그럼에도 불구하고, 이 상황주의자들의 수사는 윤리적 논의의 긴장을 풀어 주는 가치가 있다. 그 결과 경직된 도덕적 일반화를 반대하는 이들은 강한 감정적 혹은 관습적인 이유로, 혹은 무의식적인 결의적인 이유로 2타입 전쟁에 반대하는 견해를 취하게 된다. 그들은 이 견해들을 책임 있게 설명할 수도 없으며 그럴 필요도 느끼지 못한다. 그들은 특수한 경우들에서 일반화를 도출하는 것은 잘못이라고 생각할지도 모른다. 따라서 그들은 다른 전쟁들을 평가하거나 다른 사람들의 주장에 도전함으로써 자신들의 주장이 유효함을 검증할 의무를 느끼지 않으면서도 주어진 상황에서 자신들 앞에 놓인 전쟁을 반대할 수 있다.

제18장

그리고 좀 더…

변화한 세계에 맞추어 나의 목록을 갱신하라는 요청을 독자들과 편집자들에게서 받고 20년이 지난 후에 이 논의를 다시 찾아보았다. 이제 나는 이 책을 1970년에 쓴 이후로 내가 배운 것 중에서 내 글의 틀에 잘 들어맞지 않는 것이 있는지 자문해 보아야 했다. 이 자료에 충실하려면 나는 몇 가지 부분을 추가해야 할 것이다. 나는 그것들을 17장에서 이미 한 번 정리했고 이제 19장과 20장으로 새롭게 번호를 매긴 결론 앞에다가 또 추가하도록 했다. 따라서, 독자들은 이 전체 그림에서 무엇을 더해야 할지 손쉽게 볼 수 있을 것이다.

A. 유대교 일신론의 평화주의

기독교 평화주의분야를 수십 년간 연구하기 전까지 나는 예레미야 이후 유대인들의 경험에 기독교 평화주의의 확신이 어느 정도로 미리 새겨져 있었는지 알지 못했다. 이 부분에 있어서 내 선생님들을 쉽게 용서하기 힘들 것 같다. 대부분의 기독교인이 스스로를 정의할 때 등장하는 반유대적 경향은, 예수의 평화주의가 일관성 있다면 그분은 분명히 자신의 주장을 비평화주의적 배경을 겨냥해서 했을 것이라고 생각하게 만들었다. 2세기 기독교인들이 비폭력적이라면, 동일한 시기의 유대인들은 반드시 폭력적이었을 것처럼 보인다. 이야기를 이렇게 풀어가는 것은 완전히 잘못된 것이다.

나는 유대 평화주의의 이야기를 내가 1970년에 그려놓은 틀 안에다 펼쳐 놓지 않을 것이다. 이는 너무나 복잡하며 또 동일한 변증법적 형식에 잘 들어맞지도 않을 것이기 때문이다. 나는 좀 더 단순한 아웃라인을 그리는데서 멈춰야 할 것 같다.[97] 다음은 몇 가지 기본적인 기저에 있는 공리들이다.

1. **급진적 일신론.** 전지전능하시고 선하신 한분 하나님이 계시다. 우리는 세계를 책임지는 위치에 있지 않으며 그것을 추구해서도 안 된다. 왜냐하면 하나님이 바로 그분이시기 때문이다. 하나님은 자신이 보호하길 원하시는 이들을 보호하실 수 있다. 만약 우리가 스스로를 보호하려 한다면 우리는 그의 돌보심을 충분히 신뢰하지 않는 것이다. 하나님께서는 자신의 시간에 그리고 자신의 행동을 통해서 승리하실 것이다. 만약에 우리가 고난을 당한다면 하나님께서는 순교자들처럼 우리를 사용해 "자신의 이름을 거룩하게" 하시거나 우리의 죄 때문에 우리를 꾸짖는 것일 것이다. 이 모든 방식에서 하나님으로 하나님 되게 하는 것은 의로운 폭력이라는 수단을 사용해서 역사의 과정을 책임지려고 하는 우

---

97) 이 부분은 내가 가르칠 때 사용한 자료에서 빌려 온 것이다.

리의 노력을 약화시킨다.

2. **왕권에 대한 환멸.** 사울부터 요시야까지, 이스라엘은 자신들의 이웃들을 따라서 왕위를 검증하고 실험해보았고 하나님은 그렇게 하게 두었다. 그리고 가장 선명하게는 예레미야의 메시지에서 하나님께서는 열방을 향한 사명으로 자신의 백성을 부르시는 대안적인 비전으로 움직이셨다. 왕위를 회복하려는 세 번의98) 폭력적인 시도들은 그것이 하나님의 방식이 아니라는 것을 보여주며 실패로 돌아갔다. 세계적인 차원에서 예레미야와 심지어 이스라엘 옛 땅의 바르코바Barkochba에게서, 비폭력은 규범적인 유대인들의 도덕적 비전이었다.99) 우리는 기독교 반유대주의 때문에, 그리고 최근에는 시온주의자들 때문에, 이 사실을 놓치고 말았다.

3. **소수 생존.** 이방인 억압자들은 여기에 머무를 것이다. 하지만, 정치적 현실주의를 통해서 그들 가운데에서 생존하는 것은 가능하다. 심지어는 번영하는 것도 말이다. 요셉, 에스더, 그리고 다니엘은 협박 아래서도 신실함으로 하나님을 높이며 보호를 받았던 신실한 유대인들의 전형이다. 이런 소수적 존재의 상대적인 '평화'는 폭력을 의지하는 것보

---

98) Maccabees, 167ff. BCE; the Zealot Menahem, 66ff. CE; and the Zealot Bar Kochba, 132ff. CE.

99) 1948년부터 유대인들안의 평화주의 하부문화는 그 목소리가 들리지 않게 되었다. 하지만, 평화주의의 강력한 사상가들은 자신들의 생각을 바꾸지 않았다. 스티븐 슈바르츠아일드(Stephen S. Schwarzchild), "Shalom," in *Confrontation 21* (Long Island University, Winter 1981): 166-176, 루벤 킴멜만(Reuven Kimelman), "Nonviolence in the Talmud," in *Roots of Jewish Nonviolence*, ed. by Jewish Peace Fellowship (Brooklyn, N.Y.: Revisionist Press, 1984), 그리고 "Judaism and Peacemaking," *Fellowship* 42, nos. 1-2 (special issue, Jan.-Feb. 1976)을 보라.

다 더 선호될 만하다.

4. **우상숭배를 피하기.** 하나님은 '질투' 하시는 분이다. 다른 '신들' 을 숭배하는 것은 참을 수 없는 일이다. 그러나 모든 이방 나라와 이방군대는 우상숭배로 뭉쳐있다. 군 복부는 예배와 분리되지 않는다.

5. **하나님의 언약 법.** 도덕적 입법자로서 하나님은 피 흘림을 혐오하신다. 창세기4장에 나온 첫 사회적 죄악은 형제살인이었다. 하나님은 죄를 정죄하시지만 살인자의 생명을 구하셨다. 노아와 맺은 언약에서9장 유일한 사회적 요구는 피 흘림을 삼가라는 것이었다.

6. **한 하나님이 다스리신다.** 우주 전체를 다스리시는 한 하나님이 계시기 때문에, 다른 백성들이나 심지어는 그들의 정부조차도 하나님의 계획안에서 자리를 찾을 수 있다.

위에서 나열한 유대교의 특징들은 주후 1세기에 존재했었으며 초대 기독교인들에 의해서 조건없이 수용되었다. 그러나 위의 것 중 어느 것도 기독교 신앙에 고유한 것은 아니다. 위 특징들 모두 계속해서 비−메시아적 유대교 사상의 특징이 되었다.100) 수세기를 걸쳐 랍비들은 이 모든 특징들을 강화했으며, 특별히 1,2,5를 강조했다.

약점

지금 시대의 많은 유대인들이 보기에 유대교의 유산은 예속과 2등 시민

---

100) 유대인과 기독교인 모두 이방철학자들과 대화했고 피의 성스러움과 인간 종족의 하나 됨이라는 주제를 다른 방식으로 재진술하면서 그들로부터 빚진 것이 있다.

지위에 너무나 쉽게 만족하고 있다. 비록 상대적인 번영의 시기에 유대인들은 자신들의 방식을 지도자들이나 다른 사회집단들과 전문적으로 잘 협상해 나갔을지라도, 그들은 맞서 싸우지는 못했고 때로는 집단 학살이 닥쳤을 때 피할 수 없었다. 국가의 존엄성이라는 현대 서양적 사고에 근거해 바라보았을 때 이것은 하나님의 백성에게는 어울리지 않는 운명처럼 보인다.

그럼에도 불구하고

그럼에도, 흩어짐을 이기고 생존할 수 있는 신앙공동체는 중앙독재에 의존하는 제국보다 더 강력한 사회현상이다. 먼저 중동에서 그리고 유럽에서 유대인들은 "신이 부여한 권리로" 십 여개가 넘는 소위 '영원한' 제국들이나 왕조들 보다 더 오래 살아남았다. 한 책과 선지자들의 선언을 중심으로 모인 신앙 공동체는, 성전이나 제사장직도 필요 없이 이방인들의 대안보다 더 회복력이 있었으며 자신들의 특색을 유지할 수 있었다. 2500년 동안 요시아 때부터 벤구리온까지 유대인들은 칼에 의지하지 않으며, 알려진 역사상 가장 길고 강한 종교–문화–도덕적 지속의 경험을 보여준다.

B. 일관성 있는 우주의 평화주의: 목적에다 방법을 맞추기.

지금 세기에 이 분야에서 가장 강력한 그리고 아마도 가장 단순한 주장은 선한 목적이 심지어는 악한 행위라도 정당화 해주지 않느냐는 질문에 대한 간디의 대답이다. "왜 우리가 어떤 수단을 사용해서든, 심지어는 폭력을 사용하더라도, 선한 목적을 이루면 안 되는 겁니까?"[101] 간디의 대답은 수단과 목적은 그런 식으로 분리될 수 없다는 것이다. "수단과 목적 사이에 관계가 없다는 당신의 믿음은 큰 실수입니다…. 수단은 씨앗과 같다고 볼 수 있고 목적은 나무와 같죠. 그리고 씨앗과 나무사이처럼 수단과 목적사이에는 침해할 수 없는 관계가 있습니다."

간디는 계속해서 가상의 이야기를 통해서 주장하지만 그의 논의가 여기에 의지하고 있지 않다는 것은 분명하다. 그는 악한 씨앗은 절대로 선한 열매를 맺지 못한다는 우주의 유기적 통일성에 대한 확신에 근거하고 있다. 기독교와 힌두교의 윤리적 비전을 종합한 그의 종합은 양쪽 모두에서 이런 확신을 도출해낼 수 있다.

마틴 루터 킹은 아주 다른 방식으로 동일한 주장을 했다. 비폭력 행동은 성공을 보장할 수 없다는 반대에 응답해야 했던 그는 기독교적 소망의 오래되며 새로운 표현들로 돌아갔다. 오래된 것은 미국 흑인 침례교가 이해한 다가올 왕국의 신약적 약속이며, 이에 상응하는 뉴잉글랜드적인 것은 제임스 러셀 로웰James Russell Lowell이 썼고 킹이 자주 인용했던 시였다.

비록 악한 것이 번성할지라도
이 진리만이 강하다…
진리는 영원히 교수대 위에,
잘못은 영원히 왕좌위에 —

---

101) *Non−Violent Resistance* (단편 문집) (New York: Schocken Books, 1961), pp. 9ff에서. 여기서 인용된 것은 가장 간단한 형태중 하나이다. 이 주제는 간디에게서 자주 발견된다.

여전히 그 교수대가 미래를 흔들고 있지만,

알지 못하는 어두움 뒤에,

그림자 가운데, 하나님께서 서계신다,

자신의 소유를 내려다보시며.102)

기저에 있는 공리

따라서 간디와 킹은, 하는 말과 그리는 그림에 있어서는 달랐지만 그 영향은 동일하게 목적으로 수단을 정당화하는 실용주의를 반대했다. 그들은 우주가 하나님의 손에 있기 때문에, 우리는 죄의 존재에도 불구하고 종국에 뿌린 대로 거둘 것이라고 말하는 세계관을 선택했다.

간디, 킹, 그들의 동료들은 상징적인 행위를 어떻게 소통할 것인지, 적대자들이 잘못된 방향으로 가지 않으면서 운신의 여지가 있는지 실용적인 계산을 했다. 이런 전략들은 그들의 특수한 기술 중 일부분이다.

하지만 실용적인 고려들만으로는 폭력 사용과 타협하는 것을 절대로 정당화하지 못한다.103) 그들이 그렇게 했던 궁극적인 이유는 도덕적 의

---

102) 제임스 러셀 로웰(1819–91)은 한때 스페인과 영국의 미국 대사로 일했었다. 킹은 "결정의 순간이 모든 사람과 나라에 다가오면"이라는 제5 연의 첫줄로 유명한 이 시 "The Present Crisis"를 마음에서부터 자주 인용했다.

103) 몇몇 비판가들은 '억압'이 적대자에게 복종의 의무를 부과하기에 도덕적으로는 폭력과 동일하다고 주장했다. 신체가 부서지고 피가 흘려지는지의 여부는 도덕적으로 결정적인 변수가 아니라고 말이다. 이에 대해서 간디와 킹은 세 가지의 대답을 하고 있다. (1) 그들은 비폭력 행동이 사랑이 아닐 수도 있다는데 동의했고 이러한 위험성에 대해서 대책을 강구했다. 그들은 자신들의 사람들로 하여금 갈등의 상황에서 적대자들에 대한 존중을 유지하도록 훈련시켰다. (2) 그들은 모든 형태의 '억압'이 도덕적으로 동일하다는 말을 거부했다. (3) 그들은 적대자의 물리적 온전성이 전술상으로나 도덕적으로 중요한 변수임을 주장했다.

무를 엄격하게 이해했기 때문이 아니라 폭력은 자기 파괴적이라고 말하는 세계관 때문이었다. 무고한 고난을 받아들이는 것을 포함해서 폭력의 포기는 구속적이다.104) 우리는 그것이 몇몇 종교적 혹은 철학적 법전에서 금지되었다는 이유 때문에 폭력의 효율성을 포기하는 것이 아니다. 우리가 그것을 포기하는 이유는, 깊은 현실에서 일반적으로 결국에 가서는 그것이 효과적이지 않으며 자기 파괴적이기 때문이다.

약점

이 견해의 약점은 사람들이 굳이 고수해야만 할 필요가 없는 세계관에서 비롯되었다는 것이다. 무죄한 고난이 힘이 있다는 것은 믿기 쉽지 않다. 구체적으로 말해서 우리 사회에서 힘을 가진 자들은 이 관점을 믿지 않거나 믿는다고 하더라도 그것을 인정하려 하지 않을 것이다. 어떤 문화에서는 "대중들"은 좀 더 쉽게 우주의 도덕적 일관성이라는 낡은 믿음을 고수할 지도 모른다. 하지만, 그들의 자녀들 대다수는 지구촌의 공동통화에 의해서 다른 방식으로 세뇌되었다. 전통에 뿌리박은 문화에서 생명과 세계를 유지해주던 주도적인 시스템은 지금에 와서는 대부분의 곳에서 받아들여지던 설득력을 상실했으며 다른 모든 곳에서도 곧 그렇게 될 것이다.

---

104) 여러 가지 면에서 이 관점은 내가 17장의 D에서 '긴 안목의 관점'이라고 부른 것과 아주 유사하다. 하지만, 여기서는 사건들의 이면에 있는 권세에 대해서 목적성이 부여되고 있다.

그럼에도 불구하고

하지만 이 약점은 우리가 믿지 않을 경우에만 결정타가 된다. 도덕적 우주가 일관된다고 하는 자신감은 다른 이들로 하여금 자신들을 따르게 하려고 이 사람들이 고안해낸 것이 아니다. 자신들이 꿈꿨던 것 보다 더 큰 세계로 간디와 킹을 이끌고 간 것은 계몽주의의 신랄한 공격 아래에서도 우리 종교적 문화의 뿌리에 존재하고 있는 그 확신 때문이다.

결국에는

엄청난 수의 사람들이 기꺼이 죽으려고 하는 그 목적들은 또한 우주가 정의로 향하는 무언가가 있다고도 주장한다.105) 그들은 또한 공적인 도덕적 선택이 실용적인 효율성으로 환원될 수 없다고도 주장한다. 그들은 새로운 세계질서를 위한 고귀한 희생에 관해서도 이야기한다.

C. 무정부주의의 평화주의 추력106)

정의로운 전쟁의 한 부분집합인, 전쟁은 언제나 잘못된 것이지만 무죄한자의 폭력적인 방어는 그렇지 않다는 개념을 위에서 살펴보았다. 다시 말해서 '국가'가 대표하는 질문의 여러 층위들은 서로 분리되어 있으며 각각 다르게 다뤄야 한다.

---

105) 킹이 좋아하던 수사적인, 자주 반복되고 따라서 때로는 수정되던 표현중 하나는 "주님의 팔은 길다 [하나님의 맷돌은 천천히 갈린다는 뜻], 그러나 그 팔은 정의를 향해있다." 이 말은 히브리 선지자나 시인처럼 들린다. 하지만, 이 구절이 구약의 어느 본문에서 기원한 것인지는 분명하지 않다.
106) 이 책의 17장 B "무정부주의 평화주의"와 비교하라.

이제 우리는 이 질문을 좁히기 보다는 더 넓히는 관점을 보아야 한다. 질문의 대상은 특정 전쟁에서 정부의 활동이 아니라 모든 정부이다. 일상적인 세심한 용법에서, 무정부상태란 유효한 정부권위가 존재하지 않는 상황을 묘사한다. 어떤 경우에는 짧고 어떤 경우에는 좀 연장된 짧은 무정부주의적 시간과 장소가 존재하기는 하지만, 특정한 사회에 대한 지배권이 부정되는 그런 상황은 존재하지 않는다. 반면에 무정부주의는 하나의 주의, 즉 모든 것의 이상적인 상태에 대한 비전이다.[107] 이것은 유토피아적 비전이다. "국민의, 국민에 의한, 국민을 위한 정부"가 실존하지 않는 것처럼 이것 역시 실존하지 않는다.

기저에 있는 공리

그러나 이 무정부주의의 비전을 보고 있는 이들에게는[108], 이것이야 말로 현재의 불의한 상황이 불법적이라는 자신들의 비판을 선명하게 해줄 최선의 방법이다. 그 비판은 통치자들의 적법성에 대한 비판적 관점에서 논리적 결론을 내리고, 통치 받는 사람들의 동의를 요청하며, 민주주의의 시작으로 돌아가는 것에서 조금 더 나아간다. 만약에 사회가 진정으로 운영되는 방식에 대해 나의 자유로운 동의가 있었다면, 내가 복종할 수밖에 없는 단지 사실상의 정부가 되는 것 이상으로, 그것은 우리가 알고 있

---

107) 이 견해는 17장 B에서 설명한 실용주의적 기대나 약속을 가진 견해와는 다르다. 현재의 시스템은 장애물 때문에 너무나 절름거리게 되어서 다른 더 강한 힘들(백성)이 자발적으로 넘겨받게 될 것이다. 우리가 이제 주목하려고 하는 사변적 지성은 이런 약속을 전혀 하고 있지 않다.

108) 로버트 폴 울프(Robert Paul Wolff), *In Defense of Anarchism* (New York: Harper, 1970) 과 비교하라.

는 정부-archy, 다스림가 아닐 것이다. 그것은 또한 혼돈이나 만인의 만인에 대한 투쟁도 아닐 것이다. 그것은 동의에 의한 것이기 때문에 비지배적인 질서일 것이다.

이상적이지 않은 지금 세상에서 필수적인, 임시적이며 억지로 적응하게 되는 무정부주의자는 반드시 평화주의자가 될 필요는 없다. 하지만, 하나의 사상으로서 무정부주의는 분명히 평화주의적이 되어야 한다, 왜냐하면 이것은 이상적인 상태가 무엇인지에 대한 유토피아적 비전을 제공하기 때문이다. 이런 어조의 최근의 가장 강력한 목소리는 버나드 엘러 Vernard Eller의 『기독교 무정부주의』이다.109) 자크 엘룰의 『무정부주의와 기독교』에도 유사한 주장이 담겨 있다.110)

약점

이 관점은 사회 논쟁의 일반적 기준에서 한걸음 물러나 있기 때문에 대화가 쉽지 않다. 지금 세계에서 실행가능한지 여부는 필요조건이 아니다. 왜냐하면 현재의 구조가 적법성의 필요조건을 충족시키고 있지 않기 때문이다.

이러한 이상을 고수하는 사람들은 현실 세계에서 두 가지 선택을 할 수

---

109) Grand Rapids: Eerdmans, 1987. 엘러는 위에서 언급된 일반적인 용법을 무시한다. 그는 모든 권력구조를 불법화한다. 그러나 그것을 무엇으로 대신할 수 있는지는 설명하지 않는다.

110) Grand Rapids: Eerdmans, 1991. 엘러와 마찬가지로 엘룰의 번역자는 위에서 언급된 용법을 무시했다. 여기서 아나키에 대한 그의 용법은 사회적 무질서나 구조의 전적인 부재와 같은 무정부상태가 아니다. 그것은 또한 (엘러처럼) 기독교적 입장을 나타내지도 않는다. 이것은 엘룰이 젊은 시절부터 프랑스에서 마주했을 (수많은 이름들을 인용했지만, 글은 그다지 많지 않았던) 무정부주의의 세속 철학적 운동을 지칭한다.

있다. 초대 기독교의 비참여의 모델을 따라서111) 그들은 정치구조로 대표
되는 종류의 '권력'에 형식적으로 참여하는 것을 삼갈 수 있다. 이것은
아마도 16장에서 묘사한 '신분파주의' 이원론과 같을 것이다. 또 그들은
자신들의 '참여'가 비록 절대로 정당화 될 수는 없지만 피할 수 없는 것이
라는 어떤 절충의 개념을 발전시킬 수도 있을 것이다.112)

전자의 경우회피는 무책임한 듯 보이고, 후자절충는 자신들이 이전에 했
던 헌신을 부정하는 듯 보인다.

그럼에도 불구하고

그러나 여기에는 절충을 정당화함으로써 깔끔한 묶음을 만드는 것을
거부하는 거친 일관성이 있다. 우리는 모든 형태의 지배에 대해서 이 견
해가 던지는 도전이 복음 안에 뿌리내리고 있다는 점을 부정할 수 없다.

결국에는

전쟁을 정당화하는 몇 주류인사들은 자신들이 사실상 지지하는 실재에
딱 들어맞는 것과는 거리가 먼 것에 찬성하는 주장을 사용한다.

---

111) 자끄 엘륄, 『무정부주의와 기독교』(대장간 역간, 2011)과 비교하라.
112) 이것이 바로 엘륄이 『폭력에 맞서』 *Violence* (대장간 역간, 2012)를 기록할 때 그의 관
점이었다. 기독교인은 폭력을 사용해야만 할 테지만 그것이 죄악이라는 것을 알 것이
다. 동일한 말을 윌리엄 스트링펠로(William Stringfellow)가 *An Ethic for Christians and
Other Aliens in a Strange Land* (Waco, Tex.: Word Books, 1973), pp. 126ff 에서 했다.

D. 평화적이 되기: 덕의 평화주의

덕의 언어에 대한 새로운 관심이 생겼고 이는 이 책이 처음 발간된 후 지금까지 20년간 기독교 윤리 분야에 있어서 주된 변화 중 하나였다.[113] 많은 관점들이 어려운 선택 앞에서 우리가 필수적인 결정을 내리는 부분에 관심을 기울임으로서 도덕성의 핵심을 찾고자했다. 그 대신에 덕의 윤리는 선택을 하는 그 사람이 누구인가를 먼저 질문했다. 결정을 하는 존재에 대해서 더 많이 알면 알수록 그 선택 자체는 덜 중요해진다. 선택을 정확하게 이해하는 것과 대조되게[114] 덕은 이야기이다. 이것은 길이를 가지고 있다. 현재는 내가 누구인지를 결정한 과거에서부터 나오며 믿음으로 이미 현재에 와있는 소망에 닿아있다. 덕은 또한 넓이를 가지고 있다. 이것은 공동체적이다. 나의 결정은 단지 나와 관련된 것이 아니라, 나를 믿고 있는 이웃과 상호적인 약속과 기대로 얽혀있는 가깝거나 먼 사람들과 결부되어 있다. 덕은 또한 깊이도 가지고 있다. 이것은 인간의 본질, 하나님의 속성, 창조의 선함과 악함, 자아의 내면성과 투명성, 구속적 변화의 기적 등등에 대한 이해를 담고 있으며 그것을 높이 평가한다.

기저에 있는 공리

따라서 이렇게 되찾은 전통적 형식 안에 전쟁과 평화에 대한 관심이 존재한다는 것은 당연하다. 사실상 우리가 기대하는 것보다는 덜 있기는 하

---

113) 다른 발전들도 있을 것이다. 그리고 그들 중 일부는 사실 반대방향으로 움직여왔다. 무엇이 설득력 있는 논증을 구성하는지에 관해서 점점 많아지는 추상적인 논쟁들이 있을 것이다. 그리고 법이나 의학의 어려운 경우에 관한 기본적인 연구가 있을 것이다.
114) 다른 이들은 이 관점을 '결정주의적' 혹은 '난제적'이라고 특징짓는다.

지만,115) 스탠리 하우어워스Stanley Hauerwas가 쓴 『평화의 공동체』라는 한 중요한 예가 있다.116) 전쟁을 반대하는 것은 실용적인 계산이나 원칙적 추론에서 비롯되지 않는다. 그것은 자신의 이웃을 향해 폭력을 전혀 선택할 수 없는 그런 종류의 사람이 되는 데에서 시작되는 것이다.

약점

그러나 덕이라는 수사는 아주 오래되고 모호한 용어들을 사용한다. 특정 방법들을 금지하거나 목적들을 미리 정해놓는 다른 윤리적 게임의 규칙들처럼 선명한 구분을 짓지 않는다. 인내의 끝은 어디이며 평화의 시작은 어디인가?117) 온순함은 덕인가 악인가?118) 사랑은 한 종류인가 둘인가 셋인가?119) 덕은 모두 일곱 개인가 아니면 열두 개인가?120) 그것들을 선

---

115) 그가 빚지고 있는 어거스틴과 아리스토텔레스와 마찬가지로, 토마스 아퀴나스는 평화주의자가 아니었다. 또한 1980년대의 많은 저자들도 이런 맥락에서 역시 평화주의자가 아니었다. 덕의 언어가 선한 삶에 대해서 이야기하는 최고의 방법이라고 주장하는 것만으로는 특정한 덕들을 정의내릴 수 없다.

116) Notre Dame: University of Notre Dame Press, 1983.

117) 인내나 평화로움 둘 모두 토마스의 일곱까지 규범적인 덕 가운데는 포함되지 않는다.

118) 가톨릭 노동자 운동의 도로시 데이에게 있어서 온유함은 폭력이라는 악에 반대되는 덕이다.

119) 최근의 해석은 자기를 추구하는 '사랑'(에로스)과 공동체를 유지하는 사랑(필리아)과 조건없는 이타적인 하나님과 같은 사랑(아가페)을 구분한다. 목적이나 의미의 윤리를 성품이나 덕의 윤리로 대신한다고 해서 단어에 대한 논란을 피하지 못한다. 단지 자리를 옮길 뿐이다.

120) 오늘날 덕을 더 좋은 윤리적 접근이라고 믿는 이들 중 일부가 되살리려고 하는 중세 전통에서, 여러 (정확히는 네 개 더하기 세 개의) 덕들이 어떤 범주로 나뉘고 삶에서 서로 어떻게 서로 연결되어 있는지 자세한 설명과 함께 확고하게 정의되고 배치된다는 것은 굉장히 중요하다. 그런 이해가 오늘날도 여전히 유효한지는 분명하지 않다. 또한 아리스토텔레스나 아퀴나스를 적절히 이해했는지 여러 논의를 한다고 해서 우리가 동시대인들에게 더 도덕적으로 설득력이 있게 될지도 분명하지 않다. 반면에 헬라의 도덕철학자들과 그들에게서 자유롭게 사유를 빌려 쓴 사도적 저자들은 덕의 용어를 풍부하

명하게 정의 내릴 수 있는가?

핵심적 결정들을 하는 데서 옮겨간다고 해서 우리가 그 결정들을 좀 더 적절하게 해결하려는 방향으로 가게 되는 것은 아니다. 어떤 사람들은 이것이 단지 어려운 선택들을 모면하려는 것은 아닌가 하고 우려한다. 덕의 언어가 윤리적 담화에 있어서 최고의 언어라고 주장하는 모든 사람들이 도덕적 삶을 좀 더 선명하고 구속력이 있는 방식이라고 묘사함으로써 그 점을 증명하는 것은 아니다.

그럼에도 불구하고

그러나 덕과 악의[121] 언어는 도덕적 삶에 대한 유익한 전체 그림을 회복시킬 수 있다. 이는 모든 가능한 경우에 결국 최고의 가능한 결과가 나올 것이라고 증명해야 하는 부담에서 폭력을 포기하는 이들을 자유롭게 한다. 이는 결정을 더 쉽게 해주는 성격을 고양하는 것을 선호하는 경우들에 대한 꼼꼼함에서 자유롭게 한다. 우리의 헌신의 예들을 보여주는 이야기 즉, 우리의 덕을 훈련하는 것을 강화해주는 말하기가 공유되기 때문에 우리를 개인주의에서 자유롭게 한다.

게 사용했다. 갈리디아서 5:22–23은 아홉, 디모데전서 6:11은 여섯, 베드로후서 1:5–7
은 여덟 가지를 나열한다. 한 단어만이 이 세 목록 모두에서 등장하고 세 단어만이 두
번 등장한다.

121) 헬라 윤리학자들의 사고에서 덕의 반대에서 균형을 맞춰주는 악이 존재했지만, 신약의
목록과 중세에서는 1980년대 덕의 언어가 다시 살아나기 전까지 그것들에 대해서는
아주 적은 언급만이 있었다.

결국에는

군대의 삶은 늘 덕이라는 용어로 묘사되어왔다. 이상적인 군인을 모든 규칙이나 사실들에 따라서 어려운 결정들을 예리하게 내리는 사람으로 묘사하는 경우는 흔치 않다. 그는 절제, 용기, 정의, 숙고 등으로 묘사되는 사람이다. 그가 받게 되는 영예와 승진은 문제들을 깔끔하게 해결하는 능력보다는 이러한 자질들을 내보임으로써 결정된다.

제19장
메시아 공동체의 평화주의

성육신
그것은 반쯤 짐작되는 단서,
반쯤 이해된 선물,
T. S. 엘리엇(Elliot)

베드로전서의 저자가 예수께서 인간의 죄를 '그 자신의 몸에' 지셨다고
말한 것은 우연이 아니다. 그 일이 예수의 몸에서 일어났으므로,
우리 안에서도 일어날 수 있다.
월터 클라센(Walter Klaassen), 「평화가 당신과 무슨 상관이 있는가?」

　다른 이들의 견해를 더 주의 깊고 책임감 있게 해석하려하면 할수록,
나 자신의 관점을 이 비교에서 제외하는 것은 더욱더 힘들어진다. 비판적
인 관찰자라면 이 마지막 견해에서 아마 더 자세히 구분될 수도 있을[122]
여러 다른 견해들의 조합을 볼 것이다,

　이것이 메시아 공동체의 평화주의라고 말하는 것은 이 견해에 예수는
그리스도요 예수 그리스도는 주님이시라는 고백에 의존하고 있음을 인

---

[122] 나의 확신에 근거해서 나는 여기에 다양한 사상의 모습들 중에서 구분하려는 이 글의
목적에 가장 적합한 것들만을 모아놓았다. 내 직업상의 노력들 중 대부분은 다른 이들
의 관점을 해석하는데 바쳐졌다.

정하는 것이다. 예수를 메시아라고 말하는 것은 하나님의 뜻이 온전히 이뤄질 오실 그 분에 대한 하나님의 백성의 기대가 예수 안에서 성취되었다고 말하는 것이다. 따라서 이 평화주의는 그 뿌리를 예수의 인성과 그의 사역 안에서, 그의 가르침과 그의 수난 안에서 찾는다. 그리고 그의 부활 안에서 가능성을 찾는다.

예수를 메시아로 고백할 때 우리는 그 분의 유일함과 그 권위를 단순히 종교적 가르침이나 그 분의 영적인 깊이에서 찾는 것이 아니다. 그의 권위는 팔레스타인에서 자신의 죽음이란 값을 치르시며 새로운 도덕적 선택을 보여주신 방식에 의해서 드러난다.

기저에 있는 공리

이런 메시아 공동체의 성격은 예수 그리스도와의 관계에서만 드러날 수 있다는 결론이 뒤따른다. 이 간단한 문장은 첫눈에 보이듯이 그렇게 명확한 것은 아니다. 이는 우선 계시의 본질에 관한 것이다. 우리가 가지고 있는 자원만으로는 예수를 그리스도로 믿는다는 것이 무슨 뜻인지, 혹은 예수 그리스도를 하나님의 본성과 의지를 계시하는 자로서 따른다는 것이 무슨 뜻인지 알아낼 수 없다. 따라서 이 견해는 위에서 제시한 원칙적3 혹은 제의적13 견해와 비슷하다. 이 견해는 우리가 들어야만 하는 어떤 것에계시 호소를 한다.

하지만, 이 견해는 뒤의 둘과는 결정적으로 다르다. 그 말함계시은 우리에게 다가올 때 시내 산에서 하나님의 손가락으로 새기신 돌판이나, 선지자나 신탁을 받은 자의 입을 통해서만 오는 것이 아니다. 그 말하심은 고유한 그러나 동시에 완전한 인간의 충만하신 인성을 통해 오신다. 위에서 살펴본 모든 견해가 기독교인들에 의해서 주장되지만, 오직 이 견해에서만이 예수의 인성이 필수 불가결함을 주목하라. 여러 견해들 중 오직 이것만이 만약에 예수께서 그리스도가 아니라면 그 핵심을 잃게 되고, 만약에 예수 그리스도께서 주님이 아니시라면 그 근원을 잃게 된다.

예수께서는 그의 충만하신 인성으로 사회적 필요와 유혹에 응답하셨기 때문에, 그분에 대한 우리의 순종은 문자를 해석하는 문제가 아니다. 그에 대한 우리의 신실함 역시 일종의 도덕주의가 아니다. 절대로 실수를 해서는 안 된다는 고집스런 집착 또한 아니다. 예수를 따라가는 우리에게 던져진 질문은 규범의 위반을 성공적으로 피했는지 아닌지가 아니다. 우리에게 던져진 질문은 성경이 아가페 혹은 십자가라고 부르는 그 경험, 세상에서 하나님을 향한 삶이라는 그 고유한 방식에 참여했느냐, 세상에서 하나님의 삶의 도구로[123] 사용되었느냐는 것이다.

메시아 공동체의 평화주의를 이야기할 때 우리는 윤리적 관심의 초점을 개인에게서 함께 살면서 하나님의 나라를 미리 맛보는 경험을 하는 인간 공동체로 옮기는 것이다. 개인들은 각각 그리고 따로 자신들의 진실성에 대해서 옳음과 그름을 물어볼 수 있고 이는 어느 정도 괜찮은 것이다. 그러나 메시아 공동체의 경험은 그것이 영웅적인 개인들의 삶이 아니라

---

123) 어떤 사람들은 성육신라는 단어를 이 세상에서 예수의 길을 계속하라는 헌신을 말하는 암호처럼 사용한다. 이 단어는 바로 이런 의미에서 이장의 앞머리에 등장한 것이다. 하지만, 만약에 이 단어가 분명하고 필연적인 의미를 가진 것으로 받아들여진다면 미혹될 위험이 있다. 때로 육화라는 단어는 예수 그 자신을 뜻하는 것으로 받아들여진다. 다른 때는 그가 아니라 교회 혹은 모든 인류전체, 혹은 그의 출신의 형이상학을 다루는 사변을 가리키는 데 사용된다.

는 점에서 차이가 난다. 그것은 사회의 삶이다. 이것은 서로 가르치고, 용서하며, 서로 짐을 지고, 서로의 증언을 강화하는 남자와 여자들의 언약 집단이 살아가는 공동의 삶이다.

다양한 부류의 종교적 평화주의를 다시 생각해보라. 우리는 평화주의 경험의 주된 흐름이, 9,14,15장에 등장한 형태의 후퇴한 공동체의 경우를 제외하고는, 강력한 개인들에 의해서 대표되는 경향이 있다는 점을 강조할 수도 있었다. 이러한 개인들은 아마도 공감하는 사람들을 수 없이 많이 가질 수도 있었겠지만 오직 소수의 추종자들이 있었을 것이고, 회중은 없을 것이며 운동을 만들어 내는 데는 극소수의 성공만이 있었을 것이다.

이 공동체의 자원은 단지 개인들을 평화주의 견해를 취하는데 좀 더 자유롭게 하고 자신감 있게 해주는 심리적 발판이나 도덕적 버팀목이 아니다. 이 정도 역할 만으로도 무시할 수 없기는 하다. 제대로 걷지 못하는 자로서 나는 목발이 필요하다는 것이 창피하지 않다. 그리고 우리중 대다수는 도덕적으로 불구이다. 하지만, 평화증인의 사회적 의미는 이것보다는 훨씬 더 근본적인 것이다. 새롭고 공적으로 놀랄만한 원수 사랑의 삶에 헌신된 인간 공동체의 존재란 그 자체로써 새로운 사회적 단위이다. 영웅적인 개인은 무엇이 필요한지에 대한 광범위한 인식 또는 폭넓은 존경을 구체화 할 수 있다. 그러나 오직 일탈적인 가치 체계에 헌신된 지속적인 공동체만이 세상을 바꿀 수 있다.

약점들

비판적 윤리학자들의 기준에 비추어 보았을 때 이 관점은 모든 사람에게 해당되지 않는다는 약점이 있다. 이 관점을 고수하는 이들은 자신들이 말하는 제자도란 예수의 참 의미에 대한 필수적인 숙고라고 말한다. 예수를 따르라는 부르심은 모든 이들을 위한 것이다. 하지만, 이러한 삶을 인도하는 기준은 일반적인 사람들에게 딱 들어맞지는 않는다. 이런 삶의 형태는 인격의 재조정과 예수와 그의 첫 제자들이 회개와 중생이라고 표현한 것만을 통해서 선명하게 받아들여질 수 있다. 적절히 그리고 부분적으로 살아내는 것은 말할 필요도 없다.

회개를 통해 우리는 부름을 받은 그 참된 인간 존재로 시작하게 된다. 하지만, 개인과 사회가 그런 방향으로 변화를 하지 않는다면, 그들이 어떻게 평화주의자로 살 수 있을지를 설명하는 것은 의미가 없다. 따라서 이런 신앙의 입장에서부터 도시의 위기나 중동의 미래에서 군비 경쟁을 해결할 전략을 추론해내는 것은 불가능하다. 이 입장은 이를 제대로 이해하지 못하는 이들이나 혹은 얼마나 그들이 이 입장을 믿고 있는지 확신하지 못하는 이들 사이에서는 제도화 할 수 없다.[124]

많은 사람들이 이 입장이 예수는 누구신지와 그에 대해서 우리가 갖는 자세에 완전히 의존하고 있다는 점을 또 다른 약점이라고 생각한다. 위에서 언급한 모든 입장들은 어떤 종류의 헌신이나 어떤 종류의 '믿음'을 요청한다. 위 입장 모두가 오직 위험을 감수하고 다르게 되기를 자원하는 이들만이 취할 수 있는 소수의 입장이다.

---

124) 주의 깊은 독자라면 여기서 신자와 비신자의 입장의 차이에 관한 묘사가 16장의 입장인 이원론과 다르다는 것을 알아차릴 것이다. 메시아주의자는 예수의 부르심이 그 말을 듣지 않는 이들에게도 타당하다고 선언한다. 그리고 심지어는 그 말씀을 전적으로 불신하는 이들에게도 전할 말이 있다고 말한다. 나의 책 『국가에 대한 기독교의 증언』 *Christian Witness to the State* (대장간 역간, 2012)과 비교하라.

그러나 우리가 살펴 본 바와 같이, 오직 이 메시아 공동체 입장만이 만약에 예수께서 그리스도가 아니시고 예수 그리스도가 주님이 아니시라면 무너져버릴 입장이다. 어떤 그리스도인들에게는 이 점이 약점일 수도 있겠지만 다른 이들에게는 그렇지 않다. 대부분의 윤리적 숙고의 관습에 있어서 이것은 아주 심각한 결점이다. 일반적으로 기독교 신학자들은 신과 신조에 관한 자신들의 사고 안에서 예수를 규범적으로 만드는데 헌신해 있다. 그렇지만 그들 중 대다수가 적절한 정치적 인간성을 규정함에 있어서 예수가 필수불가결할지도 모른다고 말하는 이 제안에 놀라곤 한다.

이 견해의 다른 약점은 '작동'을 보장하지 않는다는 것이다. 이 견해는 예를 들어서 실용적 평화주의4타입와 달리 어느 정도라도 '성공'을 약속할 수 없다. 우리는 고난당하는 사랑이라는 총구가 그 대상을 어떻게 맞출 수 있을지 내다볼 수 없다. 부활은 십자가가 있는 곳이라면 어디서나 나타나는 기계적인 과정의 결과물이 아니다. 그 나라에 대한 기독교인의 희망은 신앙이라 불리는 소망의 확신을 포함하고 있다. 하지만, 이것은 정당한 전쟁 이론이나 신중하게 계산된 윤리가 원하는 것처럼 높은 확률로 조기에 성공하는 것이 아니다.

그럼에도 불구하고

이는 다른 견해들 보다 성경의 표현양식과 기독교 신앙의 핵심적 진술에 더 가깝다. 이는 세상의 희망 없음을 있는 그대로 진지하게 감안하지만 여전히 희망의 복음을 긍정한다. 이 견해는 원칙적 관점들3,8,9,14타입처럼 역사에서 물러나지는 않으면서도 그들의 온전성을 공유한다. 이는 소망을 거기에 두지는 않으면서도 실용적인 관점2,4,5타입의 실제적인 관심을 포함한다.

결국에는

어떤 이유에서든지 폭력에 호소하는 것은 그 역시 암묵적인 메시아신앙이다. 모든 국가적 차원의 사명은 암묵적으로 구원하는 공동체가 되겠다는 주장을 한다. 예수나 혹은 그의 방식을 제쳐둔다고 해서 메시아주의나 선민사상을 피할 수는 없다. 메시아주의의 아우라를 그보다 덜한 것에 던지는 일이 될 뿐이다.

제20장
우리는 무엇을 배웠는가?

이런 다양한 방식의 사고들을 주의 깊게 살펴보는 것은 오늘날 기독교의 신실함에 대한 우리의 대화에 빛을 비춰줄 지도 모른다.

앞선 전제들을 점검하기

우리는 기독교인과 전쟁에 관한 대화를 단지 여러 윤리적 체계의 비교로 치환하는 왜곡을 범하기 쉽다. 앞선 목록을 살펴보면서, 비판적인 독자는 대부분의 경우에서 우리가 다루고 있는 윤리적 사고의 모델들이 단순히 전쟁에 관한 태도뿐 아니라 전체윤리의 태도를 대표하고 있다는 것을 눈치 챘을 것이다. 거의 동일한 형태의 논증이 일부일처제, 진실말하기, 약속 지키기, 예술 등 모든 항목에서 제시될 수 있을 것이다.

후기 니버 비평화주의자들이 평화주의를 거부하기 때문에 그들은 모든 평화주의들이 각각의 용어로 제시될 때 그것들을 개별적 평화주의로 인식하기보다는 이 모든 것을 유토피아 순수주의8-9타입 혹은 후퇴 9,13,15,16 타입으로 본다. 상황윤리를 지지하는 이들은 평화주의의 그 불변하는 원칙 때문에 거부한다.3, 8 그들은 상황 안에서 신중하게 계산을 하는 평화주의자들2, 혹은 모든 상황에서 자유결정의 사랑하는 성질의 온전함을 보전하는 평화주의자들11 진지하게 다루지 않는다.

다시 말해 이런 경우들에서 사람들은 진정으로 전쟁에 대해서 논의하고 있는 것이 아니다. 그들은 우리가 논리적으로 사고할 수 있는지 또 어떻게 그것이 가능한지에 대해 논리적으로 양립 불가능한 전제들에서 서로 그저 각자의 말을 하는 것뿐이다. 개별 평화주의 입장들은 더 큰 맥락에 뿌리를 내리고 있으며 그 준거기준에 의해서만 정당하게 평가되어야만 한다.

논리들을 비교하기

평화주의를 둘러싼 논쟁은 윤리적 사고의 수많은 모델들이 선명해지는 여러 지점들 중 하나일 뿐이다. 이 세기 중반의 학문적인 개신교 윤리사상은 리처드/라인홀드 니버 형제의 사회책임 모델이 주로 지배했었다. 학문적 가톨릭 사상은 적용 모델과 내부적 자기비판이라는 좀 더 오래된 원칙에서 비롯된 여러 형태 변화가 지배적이었다.

전쟁문제에 대한 새로운 접근들은 이런 발전에 있어서 아주 작은 역할만을 했을 뿐이다. 그러나 이 두 전통 모두에서 변화가 있었고 여러 교단들위에서 언급되지 않은 복음주의자들이나 철학자들을 포함해서 간에는 여기서 다 살펴보지는 못하지만 여러 화해와 중첩이 있어왔다. 이 발전 중 오직 소수에서만 전쟁의 문제가 그 일부분이 되었다.

위에서 나열한 방법론들의 다양성이 더 다채로운 윤리신학으로 우리를 이끄는가? 우리가 '그럼에도 불구하고' 부분에서 살펴보았듯이, 각각의 논리는 스스로 온전하다. 우리는 각각의 경우를 비판은 할 수 있었지만 부인할 수는 없었다. 각각의 평화주의를 다른 접근법보다 열등한 형태라고 부를만한 수준까지 줄이고 줄여야만 하는가?

가닥들을 엮기

따라서 가장 먼저 호소하는 것은 각각의 평화주의적 사고를 있는 그대로 존중하자는 것이다. 그로부터 시작해서 이 각각의 '유형'들을 순수하게 고수하는 견해들이 여러 가지를 섞은 견해보다 더 존중 받아야 하고, 혹은 더 효과적이라고 추론되어야 한다. 어떤 경우에는 여러 가지를 섞는 것이, 특별히 실용주의 논증4타입 혹은 정당한 전쟁론2이 다른 것들과 얽혀 있을 때, 심각한 도덕적인 혹은 실제적인 혼란을 야기한다.125)

그럼에도, 한 가지 이상의 가닥을 엮는 것이 더 설득력이 있고 더 효과적이며 더 실현 가능할 수 있다. 그 예로는 마틴 루터 킹4,5,7, 그리고 아마도 3타입, 가톨릭 노동자 운동1,3,6,9, 그리고 재세례파3,9,14,15가 될 것이다. 이 예들이 바로 여러 가닥들이 서로를 지지해주고 있는 천과 같을 것이다.

실제적인 공동의 확신을 인식하기

'평화주의'를 피함으로써 민족주의에 대해서 공언되지 않은 그리고 무비판적인 묵인의 위험을 감수하는 윤리적으로 이원론적인 메노나이트16

---

125) 독자는 자유주의 평화주의자들에게 (4) 가해진 이 책망이, 특히 라인홀드 니버 그리고 '신분파주의자들' (16)에 의해서 그리고 더 최근에는 귄터 루이와 조지 위글 (16장, 각주 87을 보라) 에 의해서 부당하게 이용된 것을 기억할 것이다

타입들에게 마지막으로 내부자의 관점에서 한마디 들려줄 수 있을 것 같다. 그들은 비판의 지점을 아주 잘 취했다. 우리가 여기서 잠깐 힌트만 주었던 비기독교 타입들에 대해서는 언급하지 않더라도, 다양한 이유에서 많은 기독교인들이 고수하는 수많은 종류의 평화주의가 있다. 이것들은 서로 혼동되어서는 안 된다.

그러나 이를 감안하더라도 무저항 메노나이트들로서는 지금이 바로 그들의 초기의 방어적인 반응을 넘어서 실제적인 공동의 확신이 어느 정도인지 인식하는 데로 나아가야 할 시점이다. 그들은 비기독교 평화주의자들은 물론 비非메노나이트 기독교 평화주의자들과 이 실제적인 신념을 공유하고 있으며 또 적절히 공유해야만 한다. 완전한 의견일치는 존재하지도 않으며 그럴 필요도 없다. 그러나 모든 점에서 전쟁에 반대하는 공동의 헌신인 '그럼에도 불구하고'를 통해서 우리는 메노나이트들이 평화주의를 분명히 하는데 너무 몰두한 나머지 무의식적이지만 실제적으로 은밀한 군사주의자들이 되버리는 상황보다 훨씬 더 큰 정도의 공통점과 공동의 적에 대한 더 선명한 인식을 볼 수 있다.

물론 어느 국가에서건 마찬가지로 미국의 메노나이트 기독교인들도 자신들의 이웃들처럼 더는 단순히 미국인만이 아닌 그런 부분이 분명히 존재한다. 그럼에도, 그들을 특정한 종류의 미국인이라고 말하는 것이 훨씬 더 정확할 것이며 더 합리적인 논의를 가능하게 할 것이다. 그들의 기원과 정체성을 부정하지도 않으며 러시아인이나 아르헨티나 사람, 베트남 사람인 척 하지도 않으며 그들은 메노나이트 기독교 미국인들이다.

마찬가지로 메노나이트들이 진지한 대화에 기여할 방법들이 있다. 그들은 '평화주의' 라는 말에 대해 비합리적으로 회피하는 것을 그만 둘 수 있다. 그들은 좀 더 정확하고 책임감을 가지고, 좀 더 초교파적이며 지지하는 방식으로 사람들이 전쟁의 잘못됨을 알고 동료 인간을 돕도록 이끄는 다양한 방식을 인정할 수 있다.

이러한 동료 평화주의자들은 때로는 지적인 분석에 의해서, 감정적인 역겨움 때문에, 때로는 비합리적인 낙관주의 때문에, 그리고 때로는 아마도 하나님의 영에 의해서 언제나 '위의 모든 입장들' 로부터 완전히 구분가능하지는 않은 자신들의 견해에 도달하게 된다. 그들은 역사적 평화교회가 가장 충분하다고 생각한 방식이나 이름들과 이해와는 다른 방식으로 평화주의에 도달할 수도 있다. 하지만, 그들은 평화교회 공동체와 대화하고 그로부터 인정을 받을 가치가 있으며 그럴 필요가 있다. 급진적 개혁주의나 역사적 평화교회들의 기독론적 무저항은 그럼에도 불구하고 기독교 평화주의의 한 형태이다. 그리고 이 견해는 기꺼이 그렇게 간주될 때 가장 정직할 것이다.

앞으로의 비판을 기대하며, 결국에는

나는 다양한 종교적 평화주의의 무리를 살펴보았다. 이제 우리는 전체를 살펴야한다. 만약, 어떤 윤리적 시스템이라도 진지하고 단순한 자기정당화 이상으로 생각한다면 이런저런 평화주의로 이어 질 것이라고 설득력 있게 주장할 수 있다. 또 참으로 어떤 윤리적 시스템은 반드시 평화주의로 이어져야만 한다고 설득력 있게 증명될 수 있다.

이 다양한 평화주의들은 때로는 서로 양립가능하다, 때로는 심지어 상호 강화를 해준다.13-16; 혹은 1,2,4 그리고 때로는 그 전제에 있어서 직접적으로 상호 모순된다.4와 8,9,16 그러나 이는 사람들이 전쟁에 참여하는 다양한 이유들에 비할 바는 아니다. 어떻게 설명되던지 간에, 그 구조적 다양성보다 전쟁을 비난하는 관점의 도덕적 공통성이 훨씬 더 크다.

따라서 이 형태 혹은 저 형태의 평화주의에 대한 호소를 모든 윤리적 시스템과, 기독교인이 취할 수 있는 모든 도덕적 책임 있는 자세와 연결할 수 있으며 또 그렇게 해야만 한다. '결국에는' 항목에서 나타났듯이 우리가 평화주의에 할 수 있는 모든 진지한 비판을 정직하게 받아들인다면, 전쟁을 옹호하는 이들에게로 훨씬 더 크게 돌아갈 것이다.

부록 1.

권세에 진실을 말하기; 정치에 관한 퀘이커의 증언

'프렌즈 인 아메리카' Friends in America는 한 교단 단체이긴 하지만, 그 수가 작고, 다른 작은 교단들처럼 다양하기는 하지만, 세상에 대한 특수한 퀘이커적 관점에 기반을 둔 평화를 만들려는 인상적인 시도들의 기록을 가지고 있다. 평화주의자들은 전혀 현실적이지 않을 것이라는 손쉬운 전제를 반박한다.

정치적 사실들을 예민하고 신중하게 고려하며 사회와 정치적 이슈를 다루는 퀘이커만의 고유한 방식이 있다. 40년 전에 퀘이커들은 소련과의 관계를 여는데 기여를 했으며, 중동에 관한 논쟁에 새로운 선택지들을 찾고, 핵무장에 관한 논쟁 등을 했다.

이런 퀘이커들의 메시지, 탐구 방법들, 세계의 특수한 주된 정치 이슈에 관한 지금도 진행 중인 분석 등은 단순한 인본주의적 기독교 낙관주의에서 기원한 것이 아니다. 이들은 진지한 사회과학 연구이다. 사실들을 보는 그들의 독해와 그들의 신학에 동의하지는 않을 수는 있지만 그들의 데이터를 연구해 본다면, 그들은 신학적으로 일관되며 그 의도에 있어서

과학적이다. 이 연구들의 저자들은 몽상가들이 아니다. 윌리엄 펜이 3세기 전에 식민지의 지도자로서 새로운 정치적 시작이라는 독특한 기회를 시도해 볼 수 있었던 기반에는 지금도 여전히 사람들로 하여금 진지한 사회참여를 하게 만드는 신학이 존재하고 있다.

견고한 평화 만들기에 대한 전통적인 퀘이커의 노력이 현대에 잘 드러난 경우는 제2차 세계대전의 시기에 꽤 넓게 회람되었던 여러 간단한 연구들이 잘 보여준다. 아래의 시간 순으로 된 목록은 그 전부는 아니지만 대표적인 것들만 추린 것이다.

퀘이커 연구들

The United States and the Soviet Union: Some Quaker Proposals for Peace. New Haven: Yale University Press, 1949.

Steps to Peace: A Quaker Views of U.S. Foreign Policy. Philadelphia: American Friends Service Committee AFSC, 1951.

Speak Truth to Power: A Quaker Search for an Alternative to Violence, A Study of International Conflict. AFSC, 1955.

"Is There Another Way? A Memorable Debate…." A response to Speak Truth to Power, in *Progressive,* Oct. 1955.

A New China Policy: Some Quaker Proposals. New Haven: Yale University Press, 1965.

Peace in Vietnam. New York: Hill and Wang, 1965.

In Place of War: An Inquiry into Nonviolent National Defense. New York: Grossman Pubs., 1967.

Search for Peace in the Middle East. New York: Fawcett, 1970.

Toward Middle East Dialogue: Responses to the Quaker's Report. Committee on New Alternatives, 1972.

A Compassionate Peace: *A Future for the Middle East*. New York: Hill and Wang, 1982; updated 1989.

South Africa: *Challenge and Hope*. Lyle Tatum, ed. New York: Hill and Wang, 2nd ed., 1987.

Two Koreas One Future? John Sullivan and Roberta Foss, eds. AFSC; Langham, Md.: University Press of America, 1987.

Breaking with a Bitter Past: *Toward a New U.S. Relationship with Central America*. AFSC, 1987.

퀘이커의 활동과 대화

이 글을 쓰는 목적은 이 연구들의 구체적 내용을 소화하려는 것이 아니라, 이 전체 시리즈를 그 배후에 있는 구체적 평화주의의 특징으로 여기려는 것이다.

1. 퀘이커들은 자신들의 증언을 그 유산과 동일시한다. 그들은 자신들이 하는 일을 나타내려고 '퀘이커'라는 말을 원형적이고, 정상적이고, 훌륭한 견해를 대표하는 수식어로서 설명 없이 사용한다. 일부 메노나이트들과 다르게 그들은 자신들의 관점에 대해서 변증적이지 않으며, 최근의 가톨릭 사상가들과 다르게, 모든 "선한 의지의 사람들이" 동일하게 할 수 있다고 약속하지 않는다. 물론 그것이 사실일 수는 있지만.

2. 이 레포트들은 이 연구에 관해 모든 관점의 사람들과 대화하려고 제공된 위원회의 대화와 상당한 현장 연구의 결과물이다.

3. 인간의 존엄성, 갈등과 평화 만들기에 대한 퀘이커의 확신에 의해서 밝혀졌지만, 자료수집과정과 분석은 모든 선한 의지의 사람들에게 이해될 수 있기 위한 방식과 일반적으로 충분히 이해될 수 있고 일반적으로

도 충분히 이해될 수 있는 방식으로 행해졌다. 이 연구들은 일반적으로 출판사와 독자를 찾을 수 있었다.

4. '다른 이들' 혹은 '권세자들'이라는 용어를 차용한 것은 더 넓은 세계에 관한 복음의 언어와 가치를 우리가 직접적으로 사용할 수 없다는 인식에 대한 신학적이고 의식적인 조정을 담고 있다. 하지만, 퀘이커들은 그 인식 때문에 할 말을 하지 못한다고 보지는 않았다. 그들의 글 중 하나의 제목은 그 확신을 표현하며 "권세에다 진실을 말하기"이다. 이는 초기 퀘이커주의에서 온 전형적인 문구로 간주되었다.

5. 긴장 상황에서 모든 쪽의 견해를 들어야 할 필요뿐 아니라 그들이 모든 상황에서 자신들의 관심사를 고려해야할 권리가 있음에 대한 확신이 이 프로세스에 지배적이었다. 이것은 오래된 퀘이커 문구인 "모든 사람 안에 있는 하나님께 말하기"의 실제적 의미이다.

6. 이해당사자들을 포함해서, 얼마나 고통스럽든지간에 위의 권세나 파괴에 의해 부여된 해결책들 보다는 사실에 입각한 대화가 어느 정도 정당한 결과를 만들어 낼 것이라는 확신이 이 프로세스를 지배했다. 그 결과가 더 정의롭고 공정하다는 바로 그 이유 때문에 그것들은 어느 정도는 훨씬 더 지속가능할 것이다.

7. 이런 화해의 대화를 수행하는 방법은 "이렇게 하면 된다"는 매뉴얼이나 훈련과정의 주제가 될 수 없다. 화해의 대화가 어떻게 작동되는지에 관한 문헌을 담은 책장이란 존재하지 않는다. 아래에 나열된 것은 이 운동의 중심에서 나온 것이 아니다. 퀘이커들은 이러한 스타일이나 기술을 형식적인 훈련에 의해서가 아니라 서서히 터득한 것으로 보인다.

8. 이 제안들은 구체적이고 현실적이다. 이중 하나는 그 제목에서 '단계'라고 언급하기도 했다.

9. 대부분의 보고서들은 종교 공동체의 범위를 넘어서 성공적으로 진지한 대화를 촉발시켰다. 대부분의 문서들은 상업적 출판사에서 출간되었다. 여러 권들은 2쇄 이상을 찍었다. 여러 권들은 후속 출간을 가능하게 했다.

10. 이 계획들의 시점은 대중들이 이 이슈를 맞닥뜨리기 훨씬 전이었다. 특별히 소련과 중국에 관해서 권력자들에게는 수년 후에나 실현가능한 것으로 받아들여진 주요한 정책 변화에 관한 방향들이 나열되어있다.

11. 몇몇 비판자들에게는 '너무 객관적'이 되고 다른 이들에게는 "충분히 객관적이지 않은 것"이 되는 위험을 감수하는 것은 전혀 이상한 것이 아니다.

이 전체 문헌들은 정치과학의 분야에서나 기독교 윤리 분야의 한 현상으로서 연구할 가치가 충분할 것이다. 비록 퀘이커들은 하나님 아래서 이런 종류의 일은 하기에 선한 일이라고 믿었지만, 그들은 이것들을 이야기하거나 분석함으로서 하나님을 찬양하는 일에는 아주 적은 관심만을 보였다. "프렌즈 인 아메리카"가 자신들의 선한 일을 이야기하는데 상대적으로 무심했을 뿐 아니라 위의 요약을 준비하는 과정에서 내가 자문을 구했던 몇 퀘이커들은 자신들이 내가 나열한 형식적 특징들의 원조임을 인정받는 것을 내켜하지 않았다.

주도적이고 거의 독창적이라 할 수 있는 퀘이커 '증인'에 대한 요약은 여러 다른 범주와 마찬가지로 중요한 퀘이커들이 주도했지만, 그들에게만 국한되지는 않는 여러 다른 범주의 평화 만들기는 한켠에 제쳐 놓았다.

퀘이커 개인들이 수행한 연구들

이 표본 연구들은 집단이 수행한 것은 아니나 동일한 종류의 진실에 근거한 대화적인 문제-해결에 집중하고 있다.

Ron Young. *Missed opportunities for Peace*: *U.S. Middle East Policy* 1981–1986. Philadelphia: AFSC, 1987.
John Lamperti. *What Are We Afraid Of? An Assessment of the "Communist Threat" in Central America*. Boston: South End Press, 1988.
Philip Berryman: Various papers and books on Central America.

퀘이커 그룹이 수행한 연구들

국내정치 문제와 근본적인 사회변화를 위한 전략에 대해 퀘이커 집단들이 수행한 다른 연구들이 있다. 예를 들어서 우리는 "퀘이커 활동 그룹"에서 자라난 "새로운 사회를 위한 운동"에서 펴낸 출간들을 주목할 수 있다.

퀘이커 평화 만들기 활동

퀘이커들은 갈등하는 당사자들을 다시 만나게 하는 중재와 조정에 관여하고 있다. 예들은 아래에서 찾을 수 있을 것이다.

C. H. Mike Yarrow. *Quaker Experiences in International Conciliation*. New Haven: Yale University Press, 1978.

Paul Wehr. *Conflict Regulation*. Boulder: Westview Press, 1979.

Joseph B. Stuhlberg. *Taking Charge*: *Managing Conflict*. Lexington: Heath, 1987.

중재를 위한 퀘이커들의 준비

퀘이커들은 외교인사들 사이에서 친분과 신뢰를 조성하려는 사전중재 활동으로 잘 알려져 있다. 예는 아래에서 발견할 수 있다.

Landrum Bolling. "Quaker Work in the Middle East," pp. 80ff., in U*nofficial Diplomats*. Maureen R. Berman and Joseph E. Johnson, eds. New York: Columbia University Press, 1977.

Adam Curle. *In the Middle: Non-Official Mediation in Violent Situations*. New York: St. Martin's Press.

Cynthia Sampson. *A Study of the International Conciliation Work of Religious Figures*. Harvard Law School, Program on Negotiation.

부록 2.
비평화주의 입장의 범위

'평화주의'의 그 모든 다양성을 정당하게 다루려는 우리의 노력은 비평화주의자가 되는 여러 아주 다른 방식들을 하나하나 구분해내려는 비슷한 노력과 함께 가야 한다. 이 여러 방식이 어떻게 생겨났는지에 대한 지성사를 다 살펴보지는 않을 것이다. 독자들의 일반적인 지향들을 고려하면 이 항목을 가능한 간단하게, '평화주의'에서 거리가 가까운 것부터 나열하는 것으로 충분할 것이다.

A. 정당한 전쟁 전통

정당한 전쟁 전통JWT은 특정한 경우에 적용될 수 있는 상당히 많은 수의 객관적 기준을 제공해준다. 그 목적은 해당 전쟁이 대부분의 경우에 그러하듯) 잘못된 것인지 혹은 이 기준들을 만족시키는 몇몇 경우처럼 정당화될 수 있는 것인지 결정하려는 것이다. 우리가 위에서 2장 살펴보았듯이, 해당 경우에서 그 대답이 부정적이라면 즉 전쟁이 정당화되지 않는다면, 이 견해는 실제적으로는 평화주의에 동의하며 때로는 평화주의라고도 불린다.

B. 이의가 없는 정당한 전쟁 이야기

일어날 수 있는 어려운 선택들을 진지하게 고려해보지 않으면서도 정당한 전쟁 전통의 언어를 사용할 수는 있다. 아마도 그 사람에게는 전쟁에 반대하려고 정당한 전쟁 전통의 용어를 사용한다는 개념이 없기 때문일 것이다. 이는 아마도 그가 철학적 근거에서[126] 평화주의자와 비평화주의자 사이에 공통된 기준이 없다고 믿기 때문일 것이다. 우리는 이것을 '이의가 없는' 정당한 전쟁 전통이라고 부를 수 있을 것이다. 하지만, 사실은, 이 목록의 한참 아래에 있는 다른 견해들에 근거해서 이 결정이 내려지는 것이다. '정의' 라는 언어는 전쟁을 옹호하는데 사용될 뿐 그것을 억제하는데 사용되지 않는다.

C. 정부의 사리사욕

도덕적인 기준을 정부에 적용하는 것은 불가능하다고 보는 관점이 있다. 왜냐하면 그 속성상 주권을 가진 정부는 스스로의 권력을 보전하는 것보다 높은 권위나 가치를 가지지 않기 때문이다. 오늘날 이는 종종 '현실주의' 라고 불린다.[127] 고대 그리스에서는 견유학파라 불리는 사람들이 이를 고수 했고 르네상스 이탈리아에서는 마키아벨리Machiavelli가 이를 설명했다.[128] 클라우제비츠Clausewitz는 이를 군사의 직업이라는 용어로

---

126) 제임스 차일드레스(James Childress)의 입장은 나의 책 *When War Is Unjust: Being Honest in Just-War Thinking* (Minneapolis: Augsburg Fortress, 1984), p. 68 에 인용되어 있다.

127) 이 용법은 최근에 마이클 왈쩌의 책에서 제시되었다. *Just and Unjust Wars* (New York: Basic Books, 1977).

128) 위호 흐로티우스(Hugo Grotius)는 그의 대표적인 논증 On the Law of War and Peace

재진술했다.129) 이 관점에는 두 가지 논리적 난점이 있다.

1. 도덕적 사고를 전쟁에 적용하는 것은 잘못이라고 말하는 사람들이130) 이 관점을 펼친다. 그러나 여기에도 결국 도덕적 의무가 존재한다. 왜냐하면 국가의 최고가치인 자기 이익은 다루기 불가능하며 논의가 불가한 무리수가 아니라 긍정적인 가치를 가지기 때문이다. 그들은 도덕적 언어를 사용하지 말아야 한다고 주장하는 것과 도덕적 언어가 정죄하는 방식으로 행동하는 것은 도덕적으로 옳다고 말한다.

2. '국가의 이익'이 정확하게 정의되었다고 믿고 있지만, 이것은 지배집단의 이익인가, 아니면 '국민들'의 이익인가? 이 '이익'은 자기-존중과 약속-지키기를 포함하는가?

그럼에도, 계몽된 자기 이익이 아닌 다른 것을 근거로 정부가 제약을 가하게 해서는 것은 안 된다고 확신을 가지고 주장하는 사람들이 있다.

D. 거룩한 전쟁

하나님께서 요청했기 때문에 전쟁은 거룩한 것이라고 보는 견해가 있

(1625)에서 Carneades the Cynic을 자연 안에 있는 유일한 법은 자기-이익이라는 개념의 대표자로 꼽고 있다. 군주론에서 철학자 마키아밸리는 이 점을 현대 서양에서 고전으로 남을만한 방식으로 다시 기록했다.

129) 칼 폰 클라우제비츠(Carl von Clausewitz)의 *On War* (1818-30에 기록되고 그의 사후에 출판된). 고전적인 표현은 "전쟁은 정치가 다른 방식으로 확장된 것이다"이다. 하지만, 전쟁이 다른 나라의 영토를 포함하기 때문에, 이는 자기 자신의 "정치"를 넘어서는 다른 기준이 존재하지 않는 다는 것을 의미한다.

130) 예를 들어 2차 세계대전에서 베트남전까지 시카고에서 정치학을 가르쳤던 한스 모겐소(Hans Morgenthau).

다. 예들로는 고대 히브리 야훼주의 전쟁, 중세 유럽의 십자군, 이슬람의 지하드, 혹은 파시스트의 명분이 있다. 이 모든 것들은 특정한 경우와 연결된 정의로운 전쟁에 근거한 도덕적 의무가 아니라, 하나님의 적을 파괴하는 신적인 소명을 받았다는 한 군대의 자기 인식 때문에 도덕적 의무가 된다.

따라서, 제1차 대전에서 독일인들은 하나님이 자기들과 함께 하신다고 주장했다. 그리고 반대편에서 한 전형적인 미국 목사는 이렇게 선언했다. "우리를 이 전쟁에 부르신 분은 하나님이십니다. 우리가 싸우는 것은 그분의 전쟁입니다. 이 십자군이야말로 진정한 십자군입니다. 역사에서 가장 위대하고 가장 거룩한 성전聖戰입니다. 그렇습니다. 이 경건치 못하고 신성을 모독하는 세력[독일]에 대항해서 이 위험한 싸움을 싸우라고 우리를 부르신 분은 의의 왕이신 그리스도이십니다."[131]

E. 람보

남성됨을 수행하기 혹은 이루기 위해 특수한 사람들에게 전쟁이 명령되었다는 관점이 있다. 이 충돌의 다른 편에 있는 사람들은 아무런 지위를 가지지 못한다. 그들은 주인공에게 위엄을 부여하는 재료가 될 뿐이다. 이를 설명하는 영어 단어로는 '람보'가 있다. 예전에는 존 웨인John Wayne

---

131) Ray H. Abrams, *Preachers Present Arms* (New York: Round Table Press, 1933), p. 55에서 인용된 랜돌프 맥킴(Randolph H. McKim), *For God and Country or the Christian Pulpit in War Time* (New York: Dutton, 1918), pp. 116–117. '거룩한 전쟁'에 관한 아브람의 전체 장을 보라 pp. 50–75.

이었다.132)

이런 기본적인 다섯 가지 형태 이외에 첫눈에는 다르게 보이는 전쟁을 평가하는 두 가지 방법이 있다.

▪ 궁극의 비상사태

마이클 왈쩌Michael Walzer133)는 이 기본적인 그림에다 '궁극의 비상사태'라는 개념을 추가했다. 이는 모든 시민들이 위태로운 상태에 있기 때문에 일반적인 정당전쟁이론의 규칙들을 어기는 것이 정당화되는 경우를 말한다. 이는 사실은 '이가 없는' 변형으로 기우는 약점을 가지고 있는 정당전쟁이론의 사고 과정 중 일부이다.

이것이 여전히 그 태도의 일부라는 것은 다음 사실로 드러난다. 이 예외는 극심한 위협을 통해 정당화 되어야 한다. 그리고 나아가 왈쩌는 이 위반은 미화되어서는 안 된다고 말한다. 비록 그 범죄들이 불가피했었다고 해도 전쟁 범죄에 책임이 있는 장군은 칭송받아서는 안 된다.

▪ 전쟁은 지옥이다.

셔먼Sherman 장군은 조지아를 통과하는 진군이 공정한 싸움의 규칙을 인정하지 않았다는 사실을 나타내려고 "전쟁은 지옥이다"는 문장을 퍼뜨렸다. 그의 주장은 적국의 사람들을 더 고통에 빠뜨리는 것은 그들로 하

---

132) 그러나 우리는 예전 서양 드라마에서 '착한 놈'은 먼저 쏘지 않으며 여성과 아이들을 보호하려고 신경을 썼음을 기억해야 한다. 이것이 정당한 전쟁 견해에 더 가까운 것이다. 존 웨인의 모든 것은 람보였음을 주목하라.

133) *Just and Unjust Wars* (Harper Collins/Basic Books, 1977), pp. 251–268.

여금 더 빨리 항복하게 만든다는 것이었다.134) 이 주장을 하는 다른 사람들은 일단 전쟁이 시작되고 나면 누구도 이 전쟁이 진로를 벗어나지 않게 하는 결정을 내릴 수 없다고 말한다.135) 그러나 이 주장은 기만적이다. 전쟁이 '지옥'이라고 믿으며 우리는 집안에 머문 채로 전쟁이 진행되게 둘수 있다. 이것을 '지옥'이라고 부른 후에 그가 계속해서 책임 있게 그리고 힘차게 그 진로를 지켜나갈 수 있는 이유는, A–E에서 나온 이유 중 하나혹은 그 혼합에서 나와야 한다.

비평화주의의 논리

따라서 '궁극의 비상사태'와 '전쟁은 지옥'이라는 관점은 사실은 다른 이유들에 의존하고 있다는 것을 인식하고 나면, 비평화주의의 견해에는 다섯 종류만 있는 것처럼 보인다. 실제로는 이 관점들에 따라서 사고하는 사람들이 정당전쟁이론의 용어들을 자주 사용하기는 하지만, 이 다섯 종류의 도덕적 담화는 그 논리에 있어서 근본적으로 차이가 있다.

대부분의 경우에 평화주의자는 진정한 정의로운 전쟁주의자A타입에게 동의할 것이다. 기준들이 정직하게 사용될 때, 대부분의 전쟁들은 용납될수 없다. 심지어 전쟁이 실제로 발생해서 그들을 갈라놓을지라도 평화주의자와 정의로운 전쟁주의자는 모든 억제력의 상실을 반대한다는 견해

---

134) 이는 패배의 상황에서 고통당하는 사람들이 지배자에게 어떤 식의 영향을 가진다는 사실과 다른 전제를 한다. 제2차 대전 때 도시 폭격에 대한 영국의 주장과 1991년 페르시아 걸프 전쟁동안 있었던 논쟁에서 동일한 불합리성이 호소되었다.

135) 에큐메니컬 잡지인 *The Christian Century*의 편집장인, 라인홀드 니버가 맹렬히 비난하던 종류의 평화주의를 고수하던 챨스 클레이톤 모리슨은 제2차 대전이 시작될 때 "지옥"관점으로 옮겨갔다.

에서는 일치할 것이다.B-E의 모든 견해과 반대되게

반면에 평화주의자들은 때로는 상황의 객관적 사실에 대해서 다른 견해에 동의할 것이다. 평화주의자들과 현실주의자들C은 모두 이기심을 극복하고 도덕적 법적 억제력을 행사하면서도 여전히 전쟁을 이길 수 있는지 의심할 것이다. 평화주의자와 십자군 입장D은 일단 징집된 군사들이 정당하게 싸우는 훈련으로 인내할 수 있을지 의심할 것이며, 정치적 결정들이 실용적인 계산에서부터 나오지 않는다는데 동의할 것이다.

그럼에도 불구하고

그러나 만약 다른 종류의 비평화주의적 도덕적 사고방식을 각각 분리한다면 우리는 이 논쟁을 더 적절하게 이해할 수 있을 것이다.

부록 3.

비폭력적 국가 방위의 대안들

나는 이 책의 초판에서 전쟁이 아닌 방식으로 자국의 가치를 어떻게 보호할지에 대한 기존에 있는 연구들과 계획 중인 문헌들을 언급했다. 그리고 그 목록은 그대로 남겨 놓았다. 4장의 각주 6을 보라 아래 목록은 완성된 것은 아니지만 폭력에 대한 대안을 찾는 것이 다른 사회적 차원에서뿐 아니라 국가적 가치를 보호하는 일에도 적절하다는 것을 보여주기에 충분할 것이다. 때로는 '시민-기반의 방위', 때로는 '탈무장화'라는 단어가 사용되었다. 나열된 자료들은 접근법의 다양함과 이 연구 분야가 새로운 것이 아님을 강조하려고 선별하였다.

비폭력 방어에 관해 선별된 자료들

American Friends Service Committee. *In Place of War*: *An Inquiry into Non-Violent National Defense*. New York: Grossman, 1962.

Atheston, Edward B. "The Relevance of Civilian-Base Defense to U.S. Security Interests," in *The Military Review*, May 1976:24ff., and June 1976:45ff.

Boserup, Anders, and Andrew Mack. *War Without Weapons*: *Nonviolence in Na-*

tional Defense. New York: Schocken, 1975.

Bruyn, Severyn. "Social Theory of Nonviolent Action: A Framework for Research in Creative Conflict," in Severyn T. Bryun and Paula Rayman, eds., *Nonviolent Action and Social Change.* New York: Halstead Press, 1979: 13ff.

David, Randolf S. "The Theory and Practice of Unarmed Resistance," in T*hird World Studies,* Special Issues Series, 6. Manila: *Third World Studies Centre, College of Social Science and Philosophy,* University of the Philippines, 1985.

Deutsch, Morton. *The Resolution of Conflict.* New Haven: Yale University Press, 1973 esp. pp. 400ff.

Freund, Norman C. *Nonviolent National Defense.* New York: University Press of America, 1987.

Geeraerts, Gustaaf, ed. *Possibilities of Civilian Defense in Western Europe.* Amsterdams: Sweets&Zeitlinger. 1977.

Gregg, Richard B. *The Power of Non–Violence.* Philadelphia: Lippincott, 1934.
_____. Training for Peace. Philadelphia: Lippincott, 1931.

Hare, A. Paul, and Herbert H. Blumberg, eds. *Liberation Without Violence*: *A Third Party Approach.* Lanham, Md.: Rowman and Littlefield, 1978.

Harman, Smoke. *Paths to Peace.* Boulder: Westview Press, 1987.

Hugham, Jessie Wallace, and Cecil Hinshaw. "Toward a Non–Violent National Defense," in Mulford K. Sibley, *The Quiet Battle.* New York: Doubleday/Anchor, 1963:316f.

Irwin, Bob. *U.S. Defense Policy*: *Mainstream Views and Nonviolent Alternatives.* Waltham, Mass.: Institute for Nonviolent Action, 1982.

King–Hall, Stephen. *Defense in a Nuclear Age.* Nyack, N.Y.: Fellowship of Reconciliation, 1959.

Lakey, George. "Sociological Mechanism of Nonviolence," in Rayman Bruyn, ed., *Nonviolent Action and Social Change.* New York: Irvington Publishers, 1979:64ff.

Moulton, Phillips P. *Violence, or Aggressive Nonviolent Resistance?* Pendle Hill Pamphlets, 178. Wallingford, Pa.: Pendle Hill Pubns., 1971.

Norman, Liane Ellison. "Non-Violent Defense." Ronald H. Stone and Dana W. Wilbanks, eds., *Peacemaking Struggle: Militarism and Resistance*. Presbyterian Church USA; Lanham, Md.: University Press of America, 1985: 163-274.

Roberts, Adam, ed. *Civilian Resistance as National Defense*. Baltimore: Penguin, 1969. *The Strategy of Civilian Defense*. London:Faber&Faber, 1970 로도 출판되었다.

Schell, Jonathan. "The Choice." in Donna Gregory, ed. *The Nuclear Predicament*. New York: St. Martin's Press, 1986:310ff.

Seifert, Harvey. *Conquest by Suffering*. Philadelphia: Westminster, 1965.

Sharp, Gene. *Exploring Nonviolent Alternatives*. Boston: Porter Sargent, 1970.

_____, *Making the Abolition of War a Realistic Goal*. New York: Instiute for World Order, 1980.

_____, *Making Europe Unconquerable: A Civilian-Based Deterrence and Defense System*. London: Taylor/Francis, 1985; and Cambridge, U.K.:-Bellinger, 1986.

_____, *National Security Through Civilian-Based Defense*. Omaha: Association for Transarmament Studies, 1985.

_____, *The Politics of Nonviolent Action*. Boston: Porter Sargent, 1973.

_____, *Social Power and Political Freedom*. Boston: Porter Sargent, 1989.

Shridharani, Krishnalal Jethalal. *War Without Violence*. New York:Harcourt Brace, 1939.

Sider, Ronald J., and Richard K. Taylor. "Fighting Fire with Water," in *Sojourners*, April 1983; and in *Nuclear Holocaust and Christian Hope*. Downers Grove: InterVarsity Press, 1982; also at Mahwah, N.J.: Paulist Press, 1983.

_____, "International Aggression and Non-Military Defense," in *The Christian Century*, July 6-13, 1983:643-47.

_____, *Non-Violence: The Incredible Weapon?* Waco, Tex.:Word Books, 1989.

_____, *Nuclear Holocaust and Christian Hope*. Downers Grove: InterVarsity Press, 1982 esp. pp. 231-294.

Wehr, Paul. "Nonviolent Resistance to Occupation: Norway and Czechoslovakia," in Rayman Bruyn, ed., *Nonviolent Action and Social Change*. NewYork:Ir- vington Publishers, 1979:213ff.

Woito, Robert. *To End War*: *A New Approach to International Conflict*. 6th ed. New York:Pilgrim Oress, 1982 esp. pp. 89–195.

법의 방어벽-가능한 최소한의 폭력

유엔이 군인들에게 휴전선 순찰을 맡길 때 혹은 다른 방식으로 평화를 지키라고 할 때와 그들이 무기를 소유하되 사용하지는 못하게 할 때, 이 것은 전쟁보다는 비폭력행동에 가까운 것이다.

Higgins, Rosalyn, and Michael Harbottle. "United Nations Peacekeeping: Past Lessons and Future Prospects" memorial lecture. London: David Davies Memorial Institute of International Studies, 1971.

Keyes, Gene. "Peacekeeping by Unarmed Buffer Forces: Precedents and Propos- als," in *Peace and Change* 5 nos. 2–3, Fall 1978: 3–10.

Rikhye, Indar, Michael Harbottle, and Bjorn Egge. *The Thin Blue Line*: *Interna- tional Peacekeeping and Its Future*. New Haven: Yale University Press, 1974.

United Nations Staff. *The Blue Helmets*: *A Review of United Nations Peace-Keep- ing*. 2nd ed. New York: United Nations, 1990.

부록4

기독교 평화 자료들

위의 각주와 부록에는 추가적 자료들을 언급하고 있다. 213쪽의 요더 총서 목록을 참고하라. 따로 언급하지 않은 책들은 모두 헤럴드출판사의 것이다.

진지한 연구를 위해서

Aukerman, Dale. *Darkening Valley*: *A Biblical Perspective on Nuclear War*. Seabury Press, 1981. Herald Press, 1989. 군사주의에 대한 저항을 요구하기 위해서 성경의 이야기와 모티브를 사용한다.

Burkholder, J. Lawrence. *The Problem of Social Responsibility from the Perspective of the Mennonite Church*. Elkhart, Ind.: Institute of Mennonite Studies, 1989 [1958]

Burkholder, John Richard, and Barbara Nelson Gingerich, eds. *Mennonite Peace Theology*: *A Panorama of Types*. Akron, Pa.: Mennonite Central Committee Peace Office, 1991.

Durland, William R. *No king But Caesar?* 1975. 가톨릭 법률가가 폭력에 대한 교회의 태도를 관찰한다.

Enz, Jacob J. *The Christian and Warfare*. 1972. 구약에 나타난 평화주의의 뿌리.

Friesen, Duane K. 『정의와 비폭력으로 여는 평화』*Christian Peacemaking and International Conflict: A Realist Pacifist Perspective.* 대장간 역간. 2012. 좀 더 평화로운 세상에서 사는 것이 더 현실적인 대안임을 제안한다.

Gwyn, Douglas, George Hunsinger, Eugene F. Roop, and John H. Yoder, eds. *A Declaration on Peace: In God s People the World s Renewal Has Begun.* 1990. 평화, 전쟁, 군사주의, 그리고 정의에 대한 범교회적 대화.

Hershberger, Guy F. 『전쟁, 평화, 무저항』*War, Peace, and Nonresistance.* 대장간 역간, 2012. 신앙과 역사에서 무저항에 대한 고전적인 작품.

Hornus, Jean-Michel. *It is Not Lawful for Me to Fight.* 1980. 전쟁, 폭력, 국가에 대한 초기 기독교인들의 자세.

Lasserre, Jean. *War and the Gospel.* 1962. 전쟁의 윤리적 문제와 관련된 성서 연구.

Lind, Millard C. *Yahweh Is a Warrior.* 1980. 고대 이스라엘에서 전쟁신학.

Ramseyer, Robert L. *Mission and the Peace Witness.* 1979. 복음전파를 위한 성경적 평화증언의 복음전파를 위한 함축들

Swartley, Willard M. *Slavery, Sabbath, War, and Women: Case Issues in Biblical Interpretation.* 1983. 성향이 어떻게 해석을 왜곡하는지를 보여준다.

Trocmé, André *Jesus and the Nonviolent Revolution.* 1975. 예수의 사회적 정치적 적절성.

쉬운 읽기를 위해서

Barrett, Lois. 『하나님의 전쟁』*The Way God Fights,* 대장간 역간, 2012. 평화의 복음을 향하는 구약의 "하나님은 전사"라는 주제.

Beachey, Duane. *Faith in a Nuclear Age.* 1983. 전쟁에 대한 기독교인의 응답.

Byler, Dennis. *Making War and Making Peace: Why Some Christians Fight and Some Don t.* 1989. 콘스탄틴 이후의 관점들

Drescher, John M. *Why I Am a Conscientious Objector.* 1982. 군대 참여를 마주한 기독교인들의 이슈들

Driver, John. *How Christians Made Peace with War: Early Christian Understandings of War.* 1988. 어거스틴 시대까지 기독교인들이 어떻게 점진적으로 군대에

참여하게 되었는지를 보여준다.

Eller, Vernard. *War and Peace from Genesis to Revelation*. 1981. 평화라는 주제가 성경에서 어떻게 발전되어 가는지 탐구한다.

Hostetler, Marian. *They Loved Their Enemies: True Stories of African Christians*. 1988. 갈등에 대한 비폭력적 응답.

Kraybill, Donald B. *Facing Nuclear War*. 1982. 기독교인에게 증인이 되라는 간청.

─────────. 『예수가 바라본 하나님나라』*The Upside-Down Kingdom*, 1978, 1990. 풍요로움, 전쟁하기, 지위를 추구함, 종교적 배타주의에 대한 공관복음 연구.

McSorley, Richard. *New Testament Basis of Peacemaking*. 1985. 가톨릭 저자의 간단하고 분명하며 깊은 해석

Miller, John W. *The Christian Way*. 1969. 산상수훈에 근거한 기독교인의 삶에 대한 안내서.

Peachey, J. Lorne. *How to Teach Peace to Children*. 1981. 부모를 위한 제안과 아이디어들.

Ruth-Heffelbower, Duane. *The Anabaptists Are Back! Making Peace in a Dangerous World*. 1991. 기독교 피스메이커 팀들에 자신의 삶을 바친 이들의 이야기.

Sider, Ronald J. 『그리스도와 폭력』*Christ and Violence*. 대장간 역간, 2013. 폭력에 대한 교회의 가르침을 재검토

─────────. *Non-Violence: The Invincible Weapon?* Word Books, Waco, Tex., 1989. 비폭력의 효용을 재봄.

Steiner, Susan Clemmer. *Joining the Army That Sheds No Blood*. 1982. 십대들이 쓴 성경적 평화주의를 위한 옹호.

Stoner, John K., and Lois Barrett. *Letters to American Christians*. 1989. 예수, 복음주의, 그리고 군사주의에 관해서

Wenger, J.C. *The Way of Peace*. 1977. 그리스도의 가르침과 수세기에 걸친 평화의 길에 대해 짧게 다룬 글

아이들을 위해서

Bauman, Elizabeth Hershberger. *Coals of Fire*. 1954. 악을 선으로 바꾼 사람들의 이
야기

Dyck, Peter J. *The Great Shalom*. 1990. Shalom at Last. 1992. 숲의 집을 구하기 위
해서 농부와 함께 노력한 동물

Eitzen, Ruth and Allan. *The White Feather*. 1987. 인디안 이웃과 친구가 되는 그림
동화책

Moore, Ruth Nulton. *The Christmas Surprise*. 1989. *Distant Thunder*. 1991. 전쟁
시에 평화를 만드는 모라비안들

Smucker, Barbara Claassen. *Henry' s Red Sea*. 1955. 1947년 베를린에서 극적으로
구출된 1,000명의 러시안 메노나이트들

요더 총서

The Christian and Capital Punishment (1961)

Christ and the Powers『그리스도와 권세들』by Hendrik Berkhof (2014, 대장간)*

The Christian Pacifism of Karl Barth (1964)

The Christian Witness to the State『국가에 대한 기독교의 증언』(2013, 대장간)

Discipleship as Political Responsibility『제자도, 그리스도인의 정치적 책임』(2007, KAP)

Reinhold Niebuhr and Christian Pacifism (1968)

Karl Barth and the Problem of War (1970)

The Original Revolution: Essays on Christian Pacifism『근원적 혁명』(2011, 대장간)

Nevertheless:The Varieties and Shortcomings of Religious Pacifism『그럼에도 불구하고, 평화』(2016, 대장간)

The Politics of Jesus『예수의 정치학』(IVP)

The Legacy of Michael Sattler, editor and translator (1973)

The Schleitheim Confession, editor and translator (1977)

Christian Attitudes to War, Peace, and Revolution: A Companion to Bainton (1983)

What Would You Do?『당신이라면?』(2011, 대장간)

God's Revolution: The Witness of Eberhard Arnold, editor (1984)

The Priestly Kingdom: Social Ethics as Gospel (1984)*

When War Is Unjust: Being Honest In Just-War Thinking (1984)

He Came Preaching Peace『선포된 평화, 예수의 평화 설교』(2013, 대장간)

The Fullness of Christ:Paul's Revolutionary Vision of Universal Ministry『그리스도의 충만함』(2012, 대장간)

The Death Penalty Debate: Two Opposing Views of Capitol Punishment (1991)

A Declaration of Peace: In God's People the World's Renewal Has Begun (with Douglas Gwyn, George Hunsinger, and Eugene F. Roop) (1991)

Body Politics: Five Practices of the Christian Community Before the Watching World『교회, 그 몸의 정치』(2011, 대장간)

The Royal Priesthood: Essays Ecclesiological and Ecumenical (1994)

Authentic Transformation: A New Vision of Christ and Culture (1996)

For the Nations: Essays Evangelical and Public (1997)

To Hear the Word (2001)

Preface to Theology: Christology and Theological Method (2002)

Karl Barth and the Problem of War, and Other Essays on Barth (2003)

The Jewish–Christian Schism Revisited (2003)

Anabaptism and Reformation in Switzerland: An Historical and Theological Analysis of the Dialogues Between Anabaptists and Reformers (2004)*

The War of the Lamb: The Ethics of Nonviolence and Peacemaking『어린양의 전쟁』(2012, 대장간)

Christian Attitudes to War, Peace and Revolution (2009)

A Pacifist Way of Knowing: John Howard Yoder's Nonviolent (2010), by John Howard Yoder, Christian E. Early, Ted Grimsrud

Revolutionary Christianity: The 1966 South American Lectures(2012), by John Howard Yoder and Paul Martens

Nonviolence: A Brief History『비폭력 평화주의의 역사』(2014, 대장간)

The End of Sacrifice:The Capital Punishment Writings『희생의 종말』(2014, 대장간)

Theology of Mission: A Believers Church Perspective, (2013), by John Howard Yoder and Gayle Gerber Koontz

God's Revolution: Justice, Community, and the Coming Kingdom, (2014), by Eberhard Arnold, John Howard Yoder

Radical Christian Discipleship『급진적 제자도』(2015, 조이선교회)

Revolutionary Christian Citizenship『혁명적 그리스도인의 시민권』(가제)(2016, 대장간)

Real Christian Fellowship『진정한 성도의 교제』(가제)(2016, 대장간)